...You can rip the pages
and share them
with your friends!!...

Let's have some
FUN
Colouring Together!!!

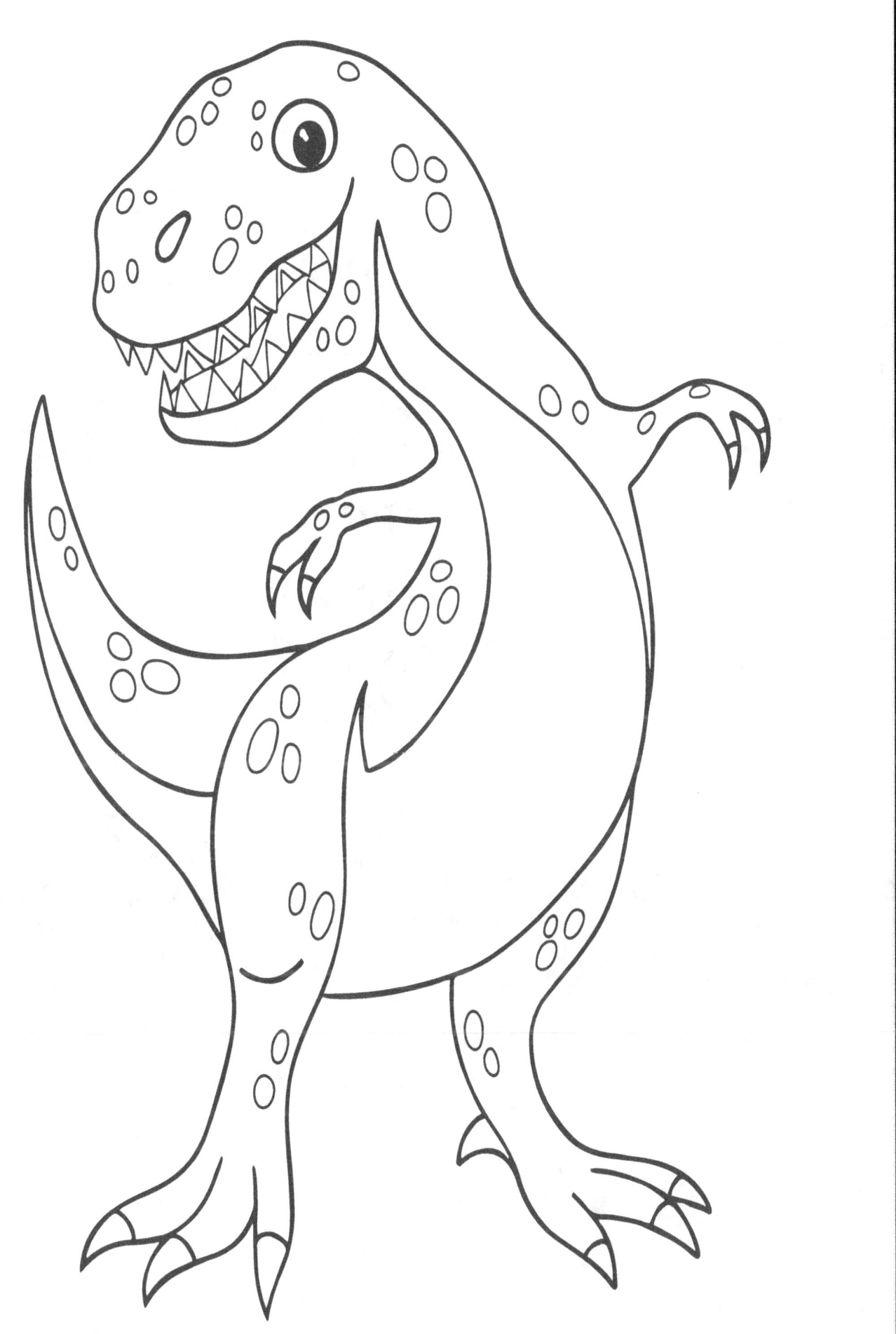

Rip

me

off

:)

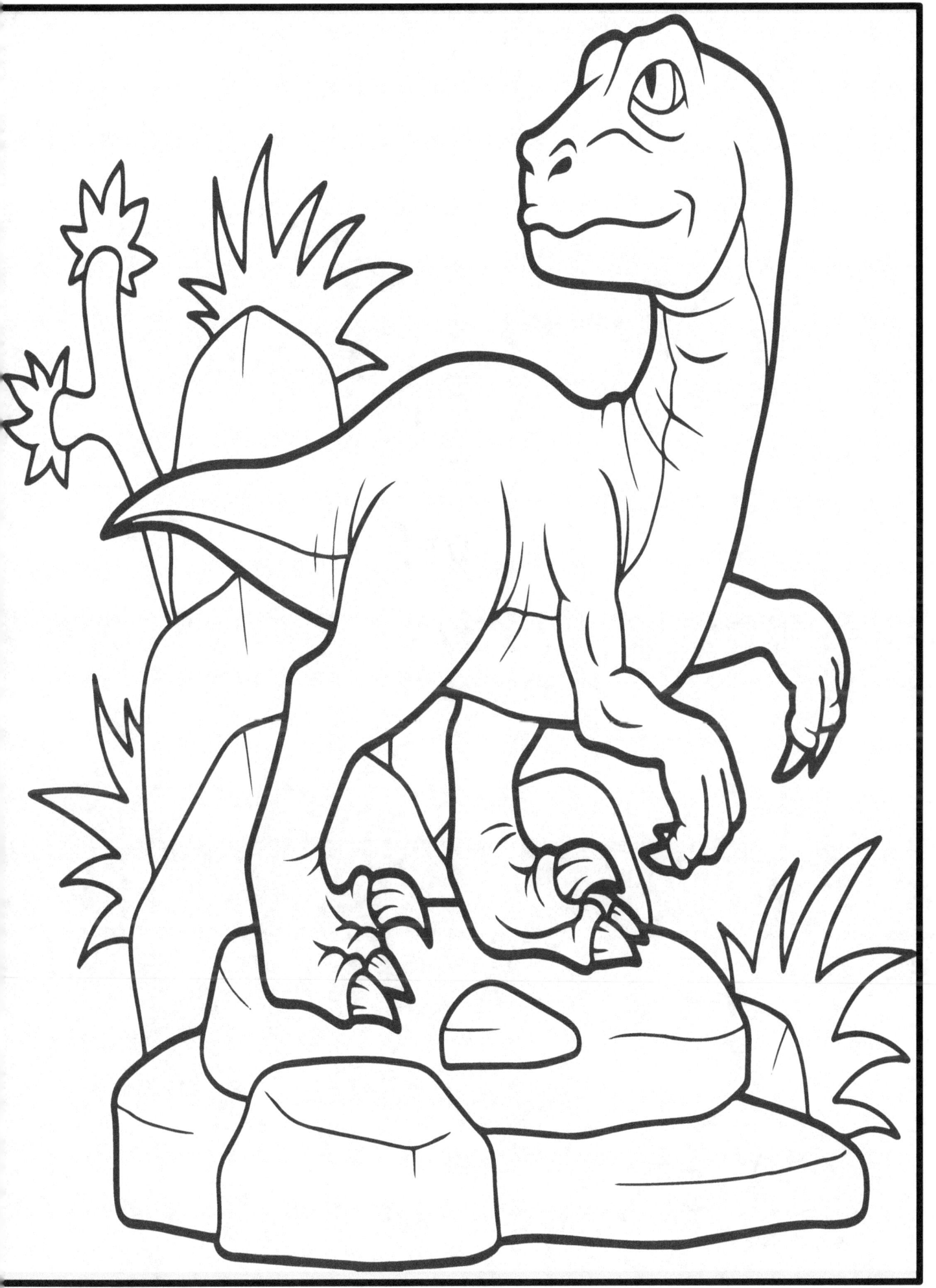

Rip
me
off
:)

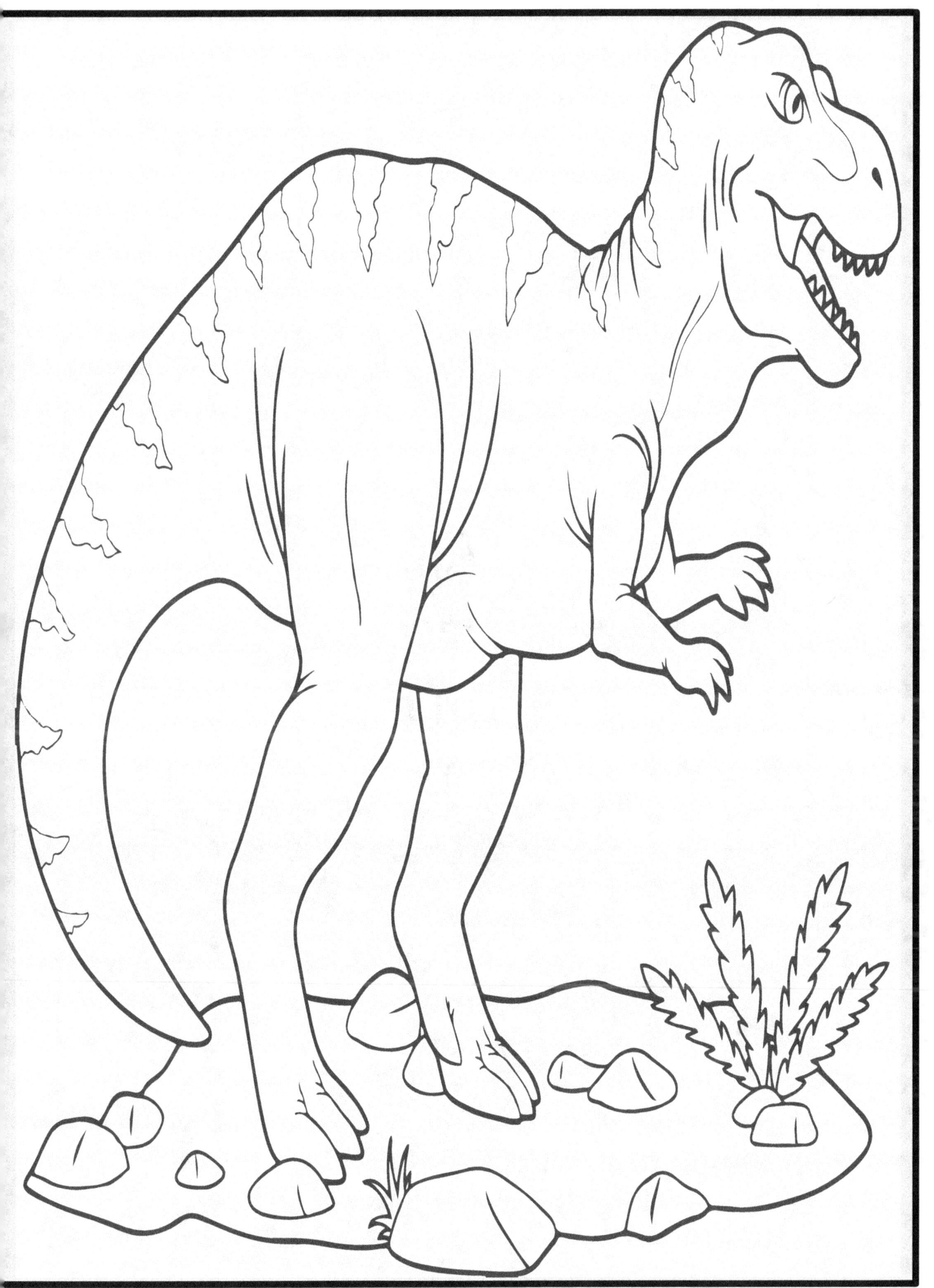

Rip
me
off
:)

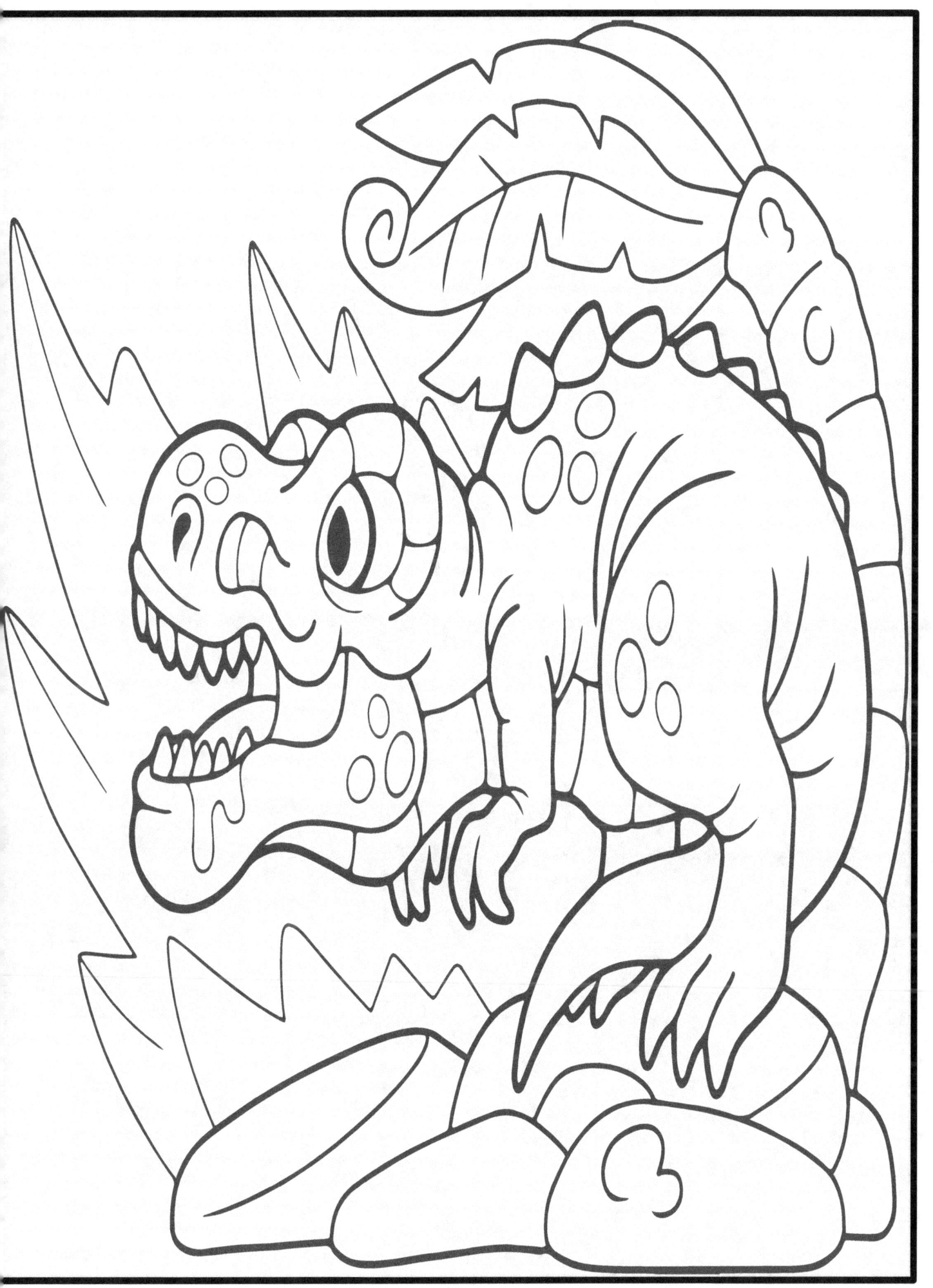

Rip
me
off
:)

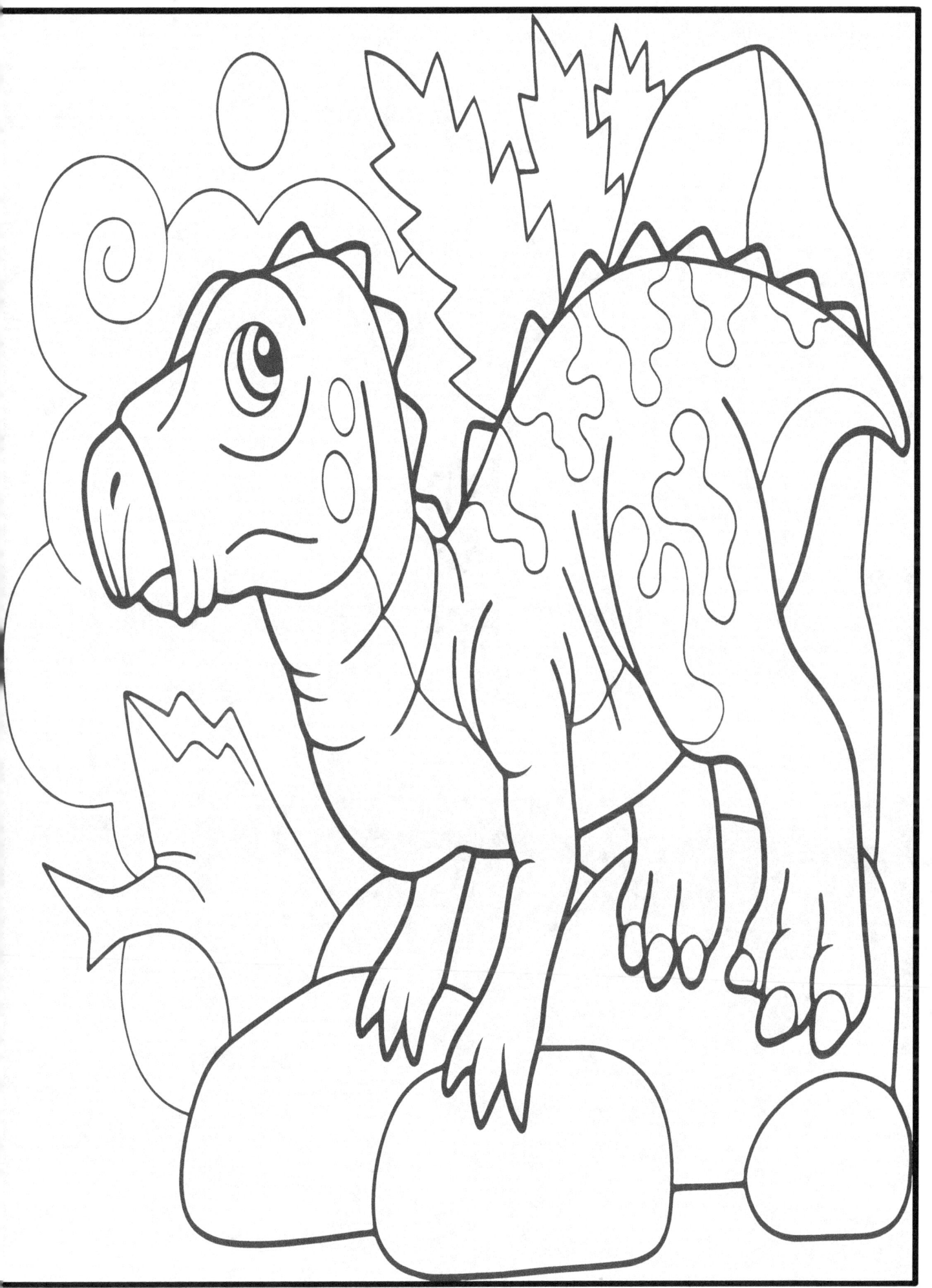

Rip
me
off
:)

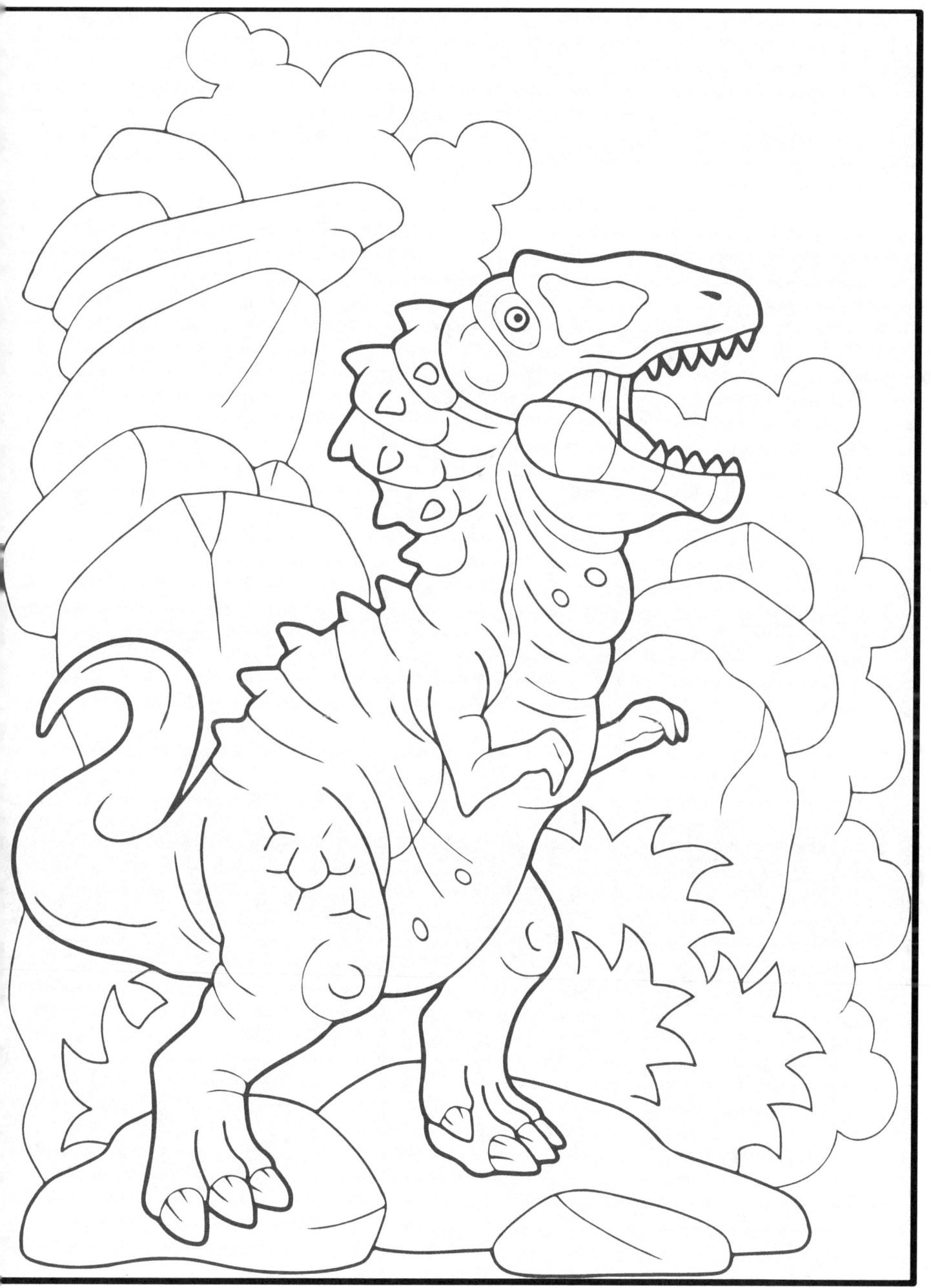

Rip
me
off
:)

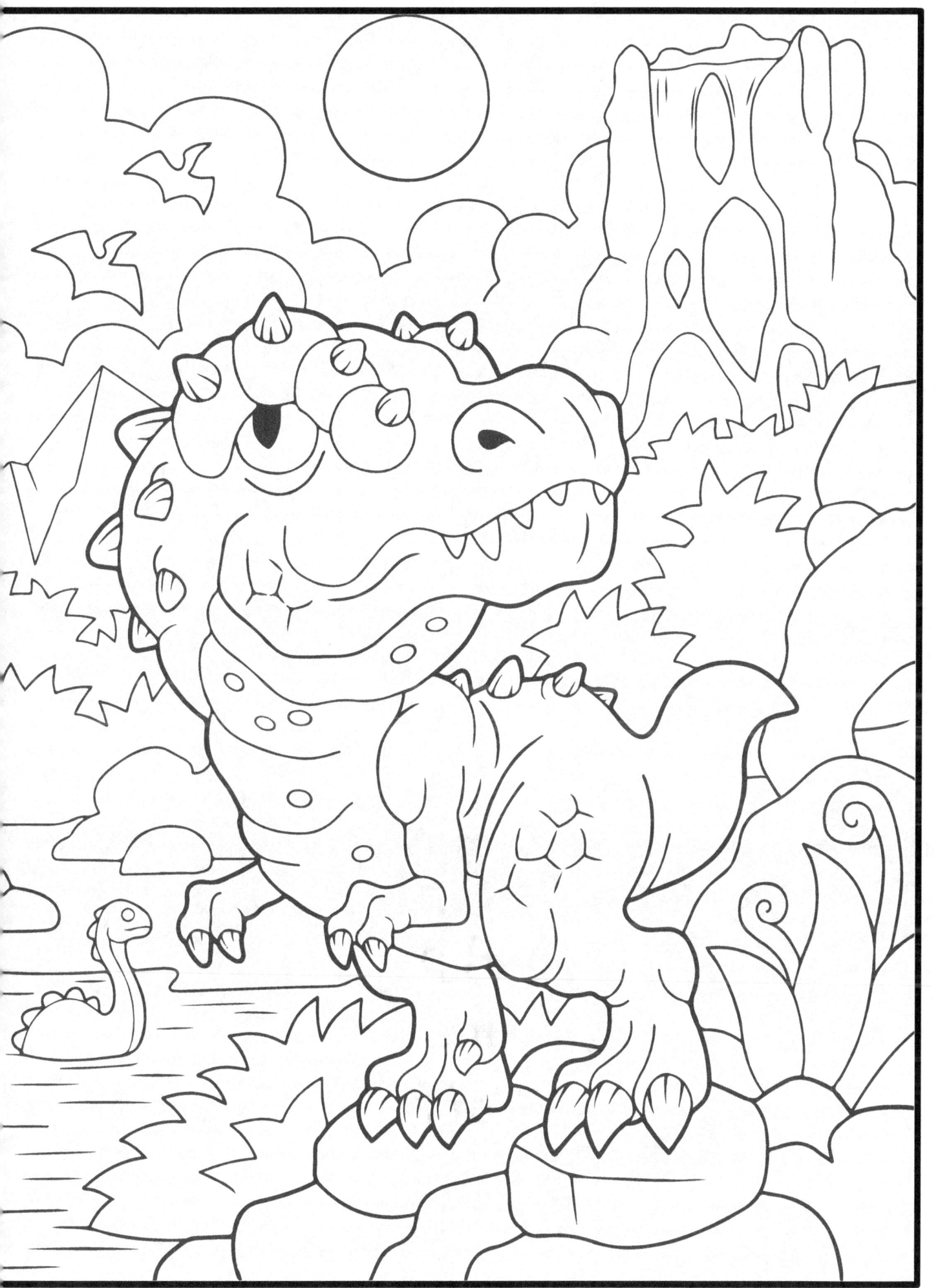

Rip
me
off
:)

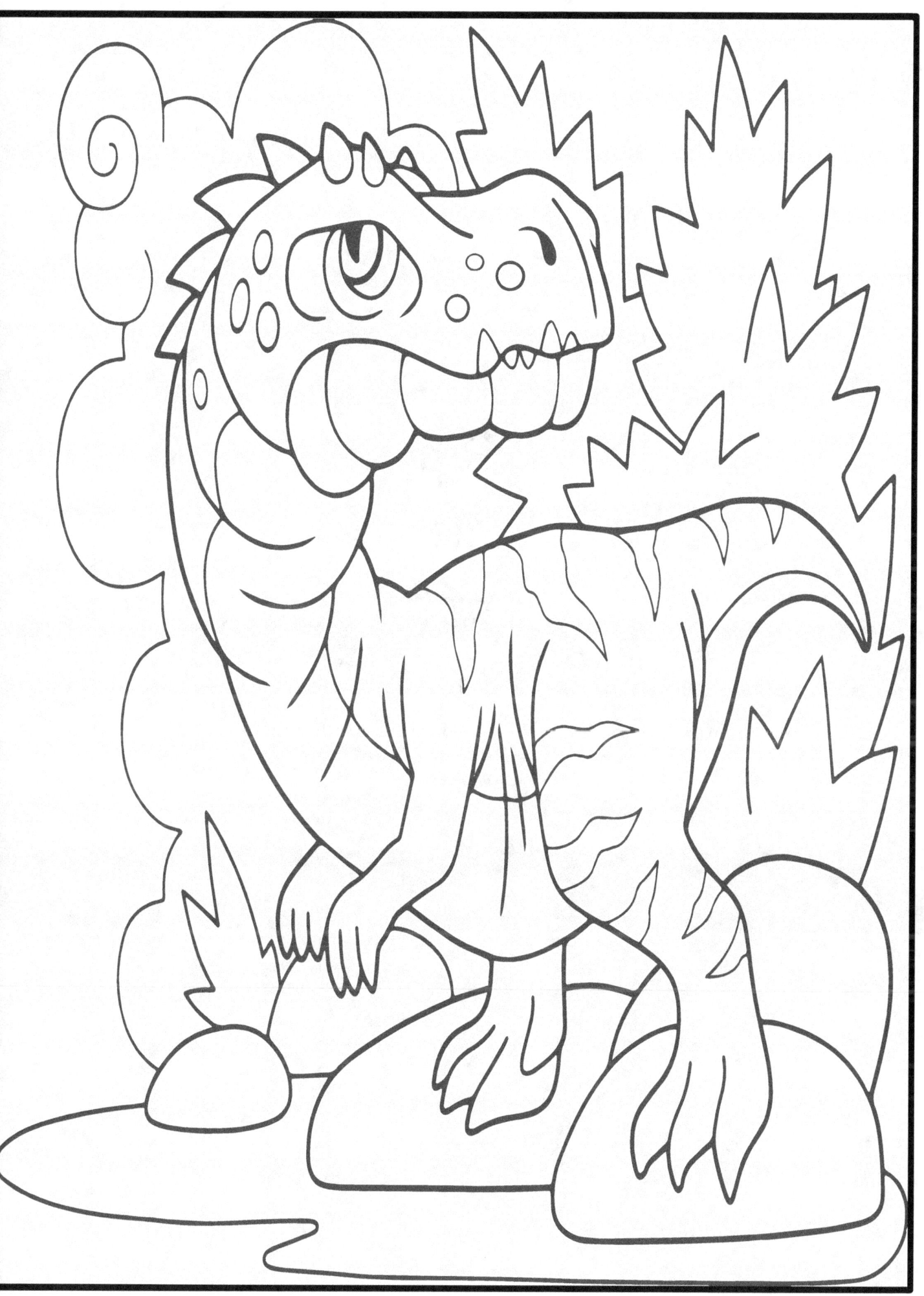

Rip
me
off
:)

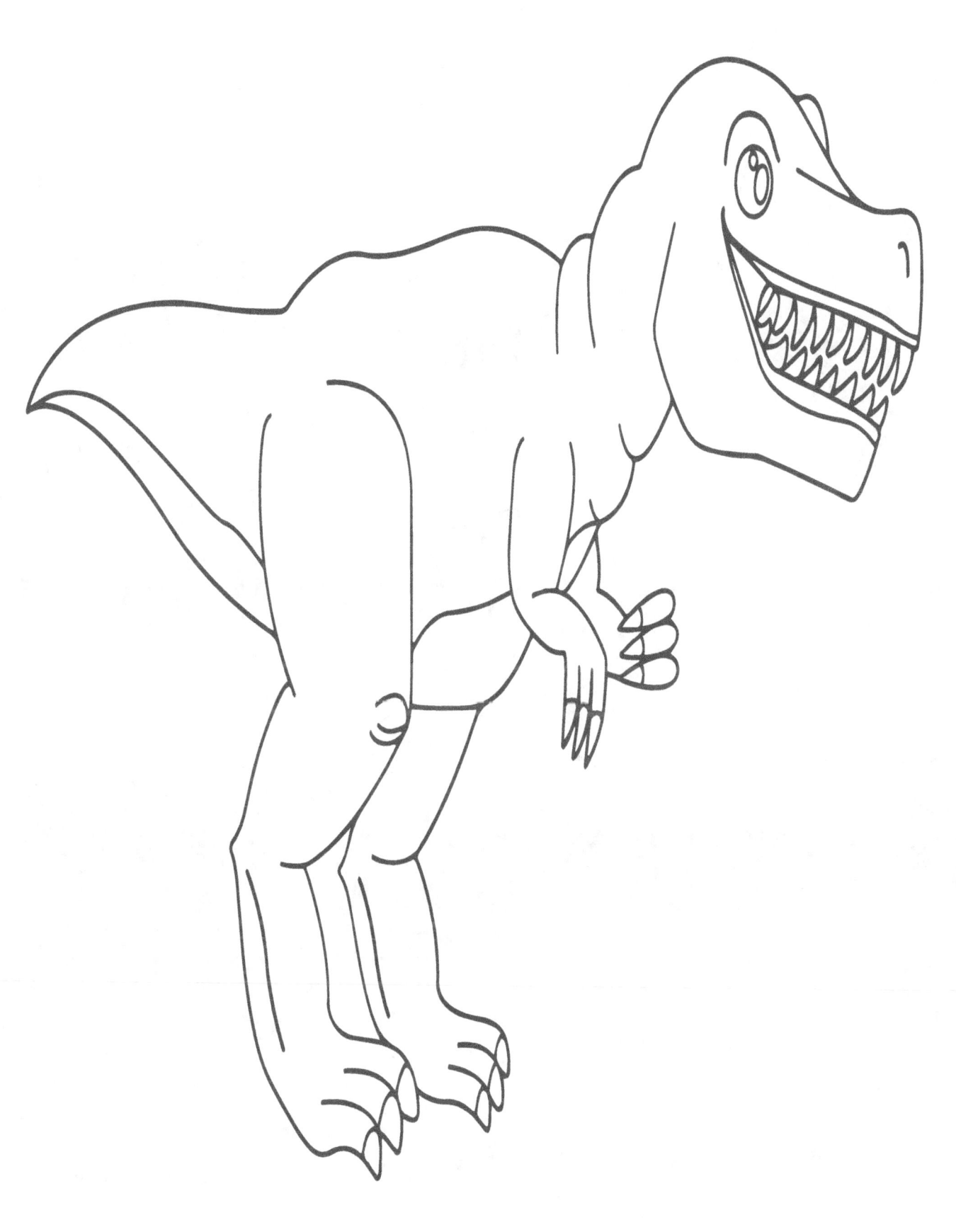

Rip
me
off
:)

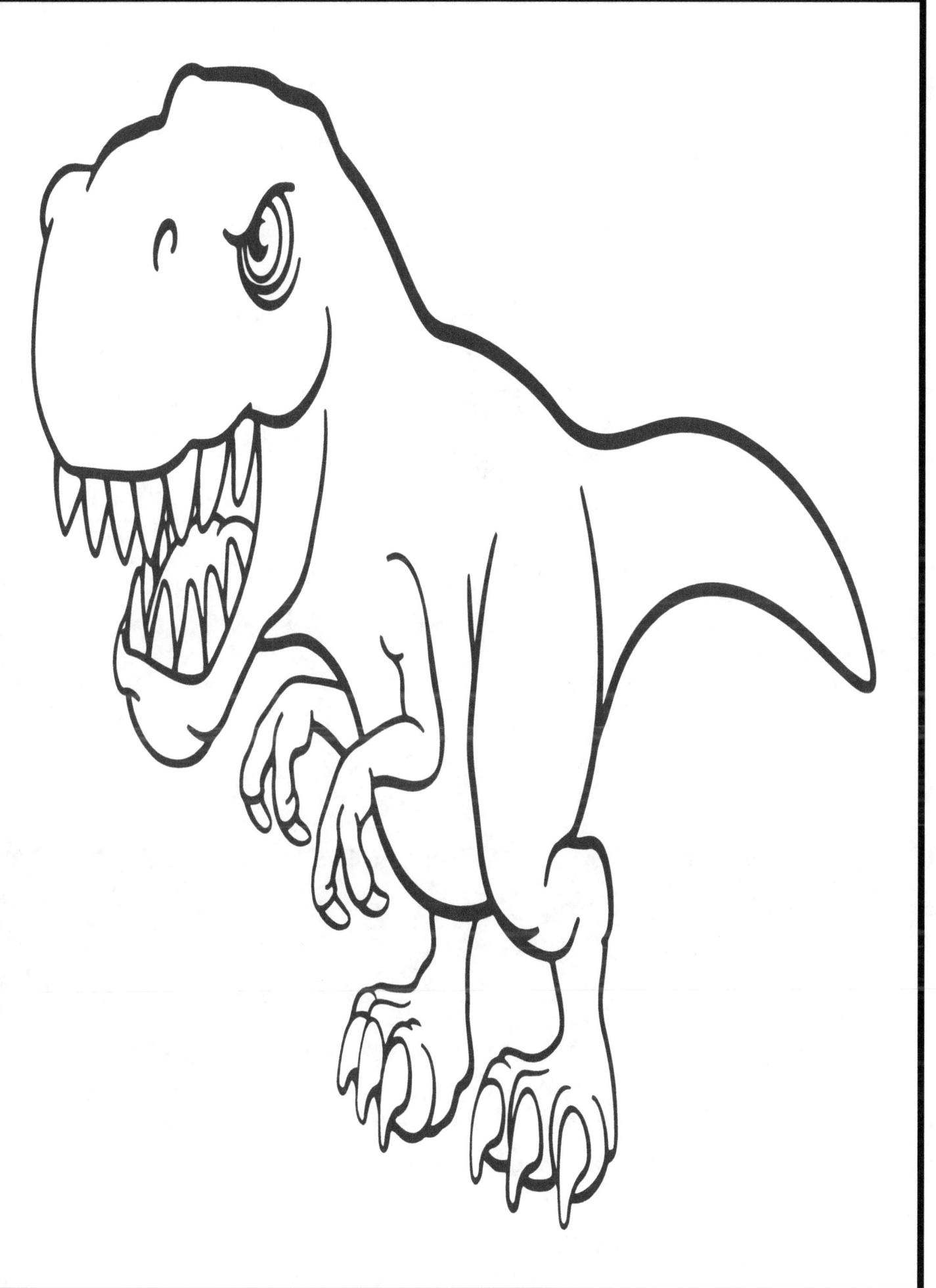

Rip
me
off
:)

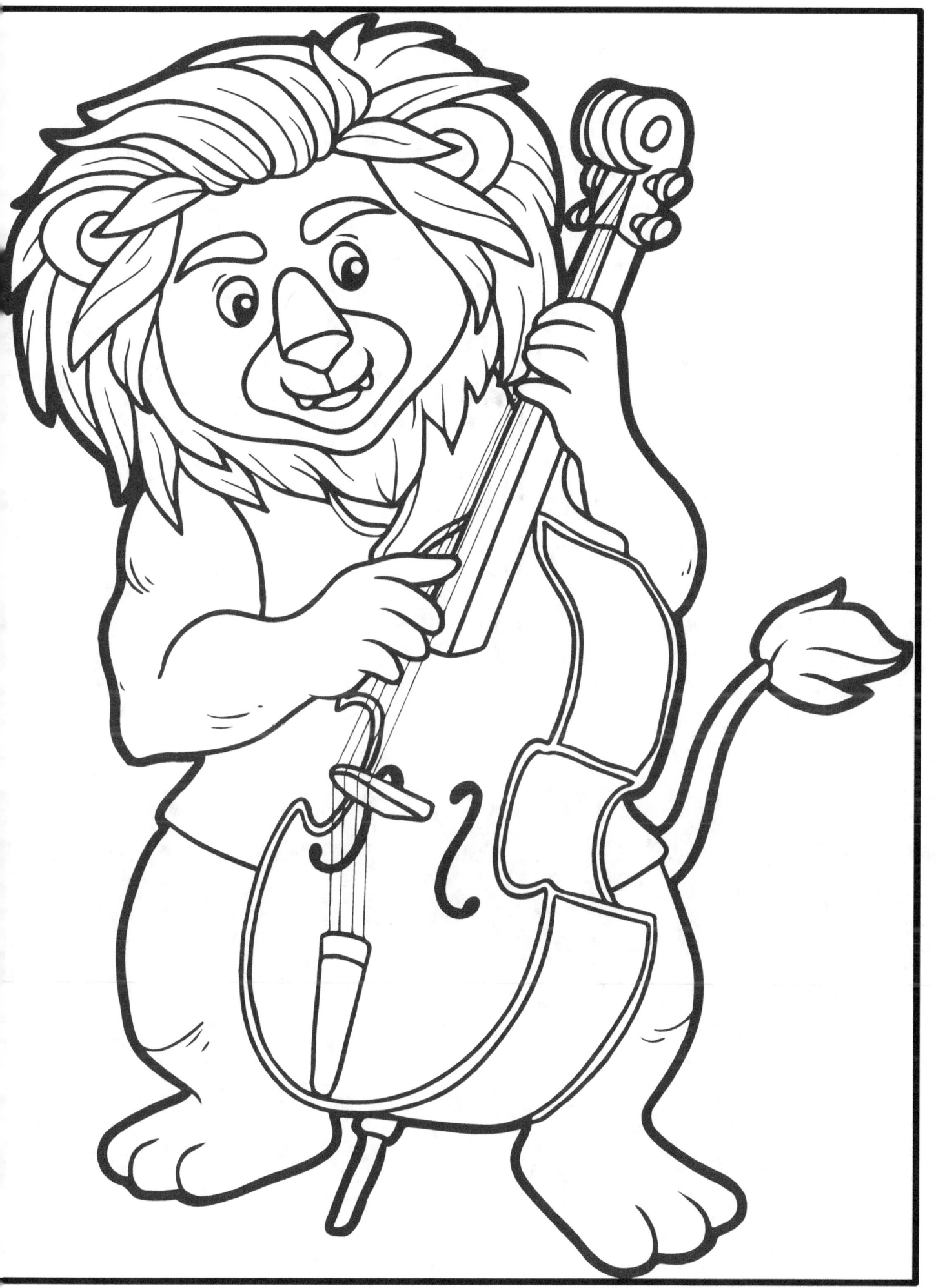

Rip
me
off
:)

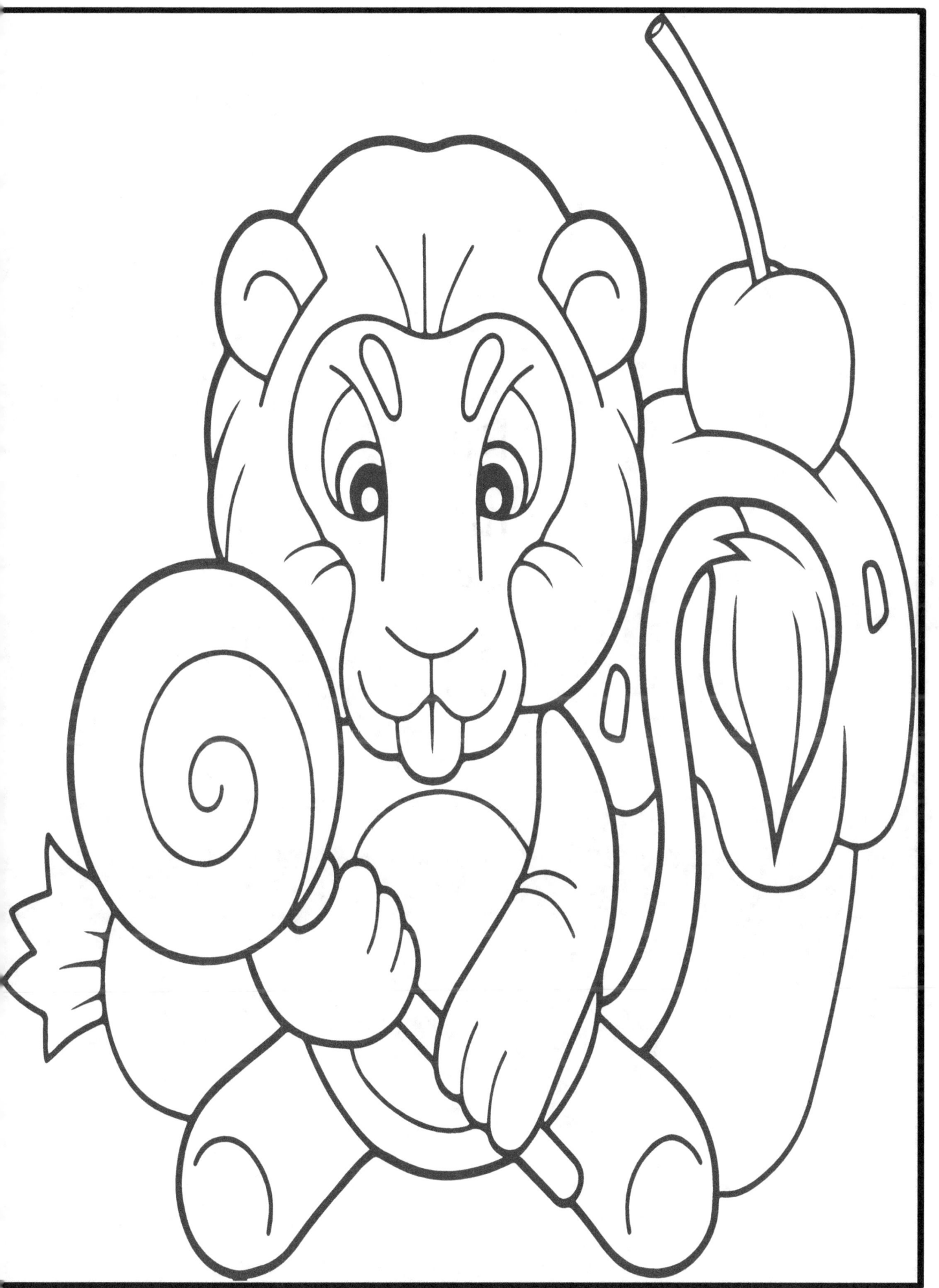

Rip
me
off
:)

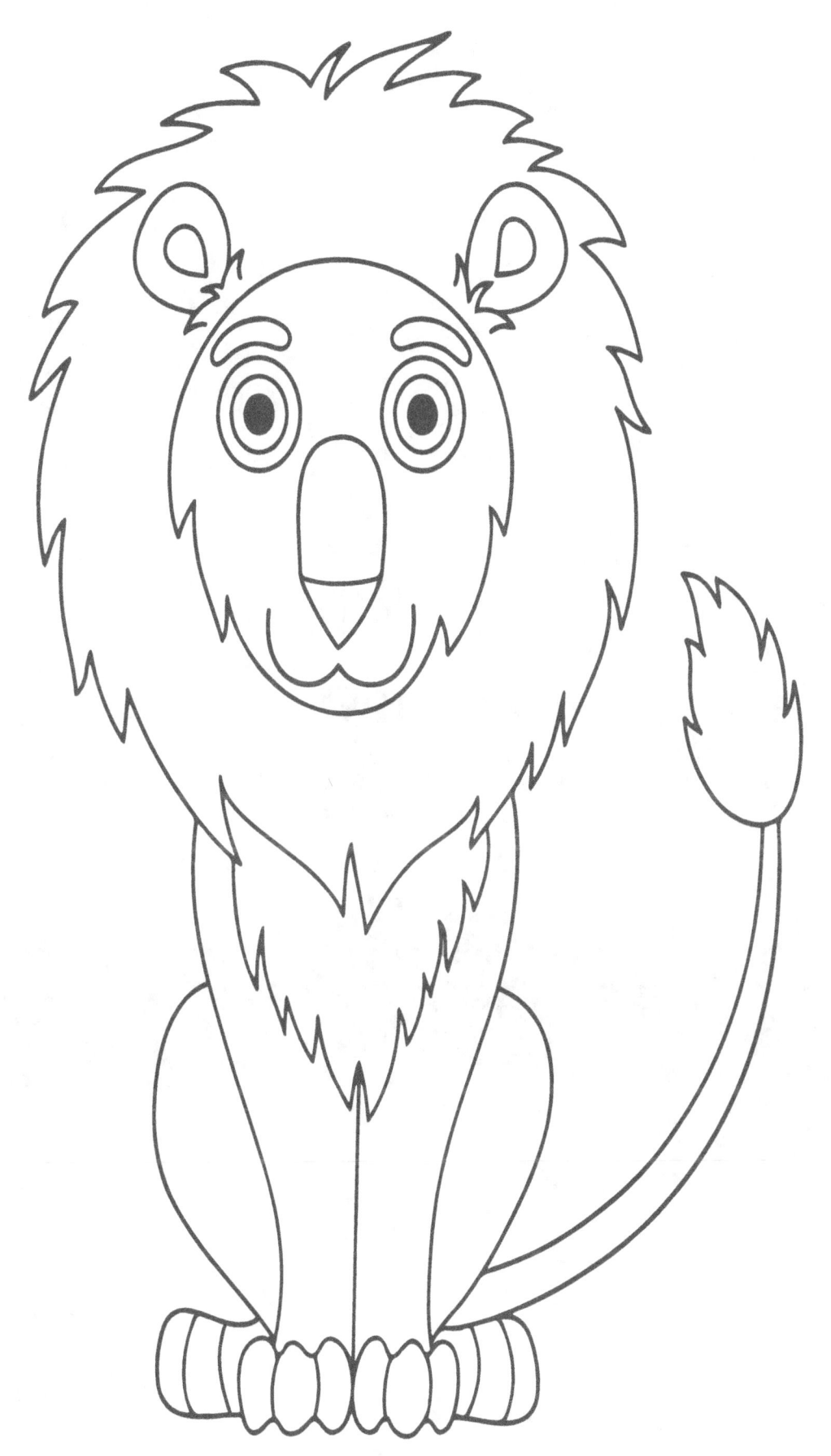

Rip
me
off
:)

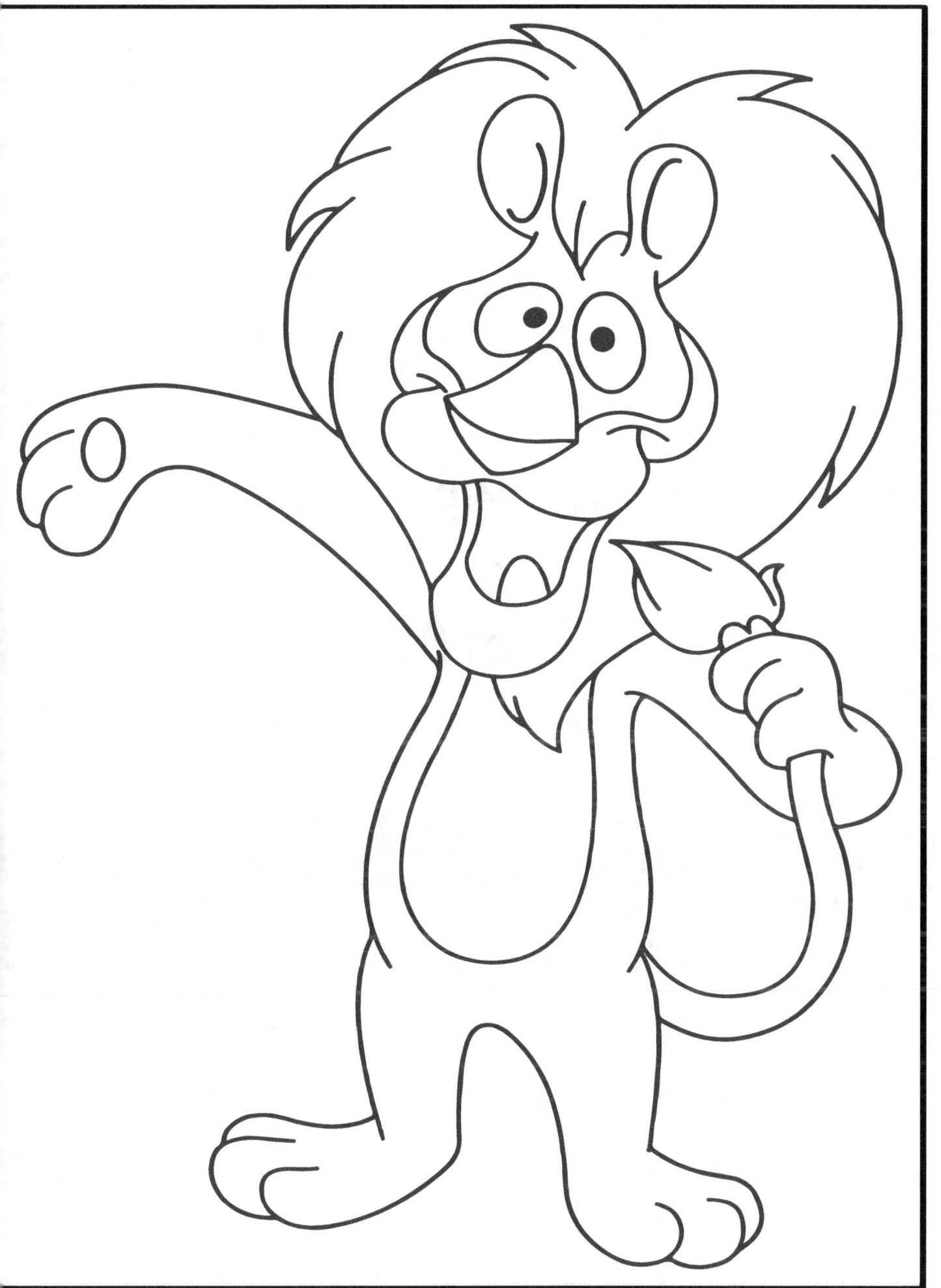

Rip
me
off
:)

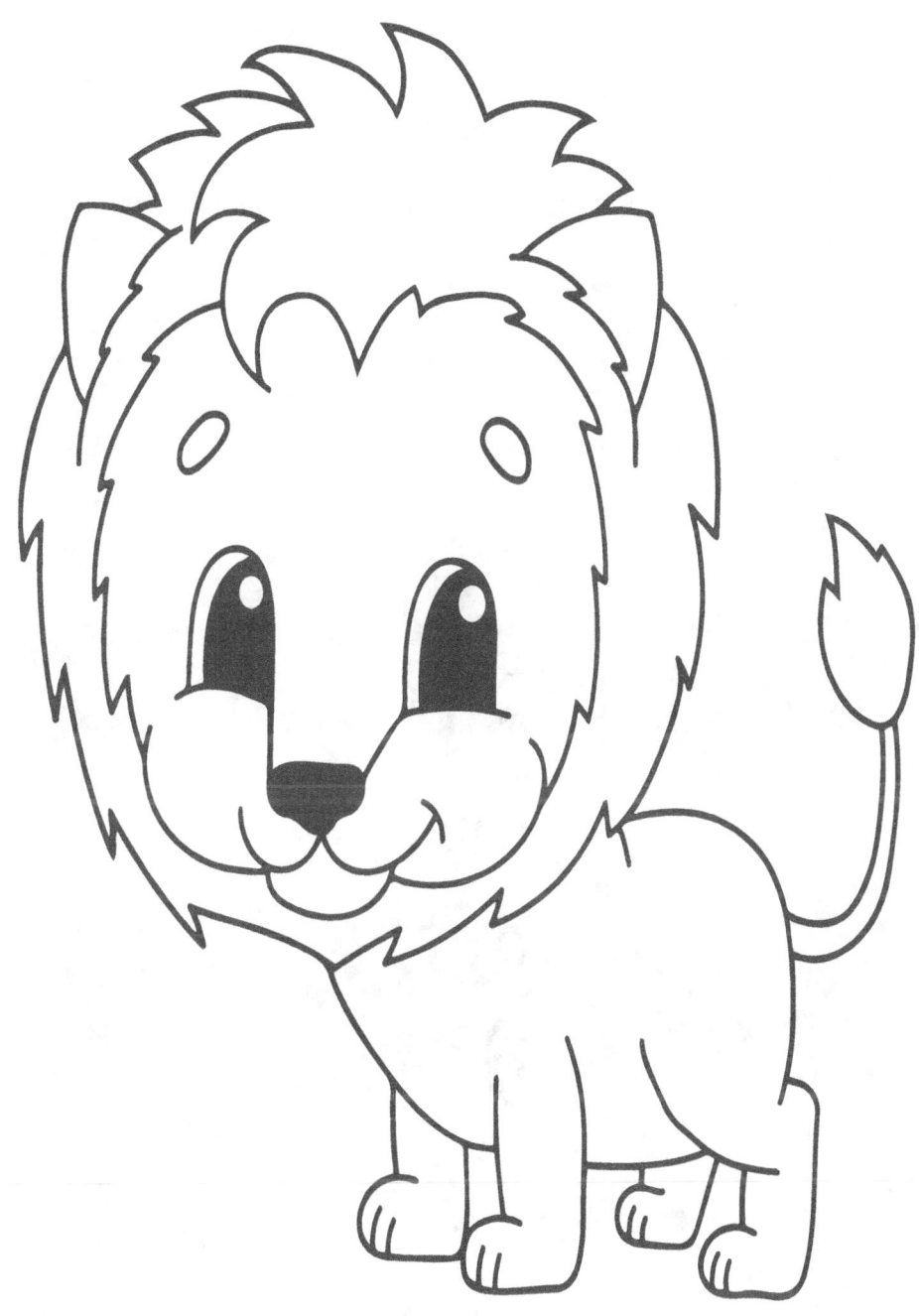

Rip
me
off
:)

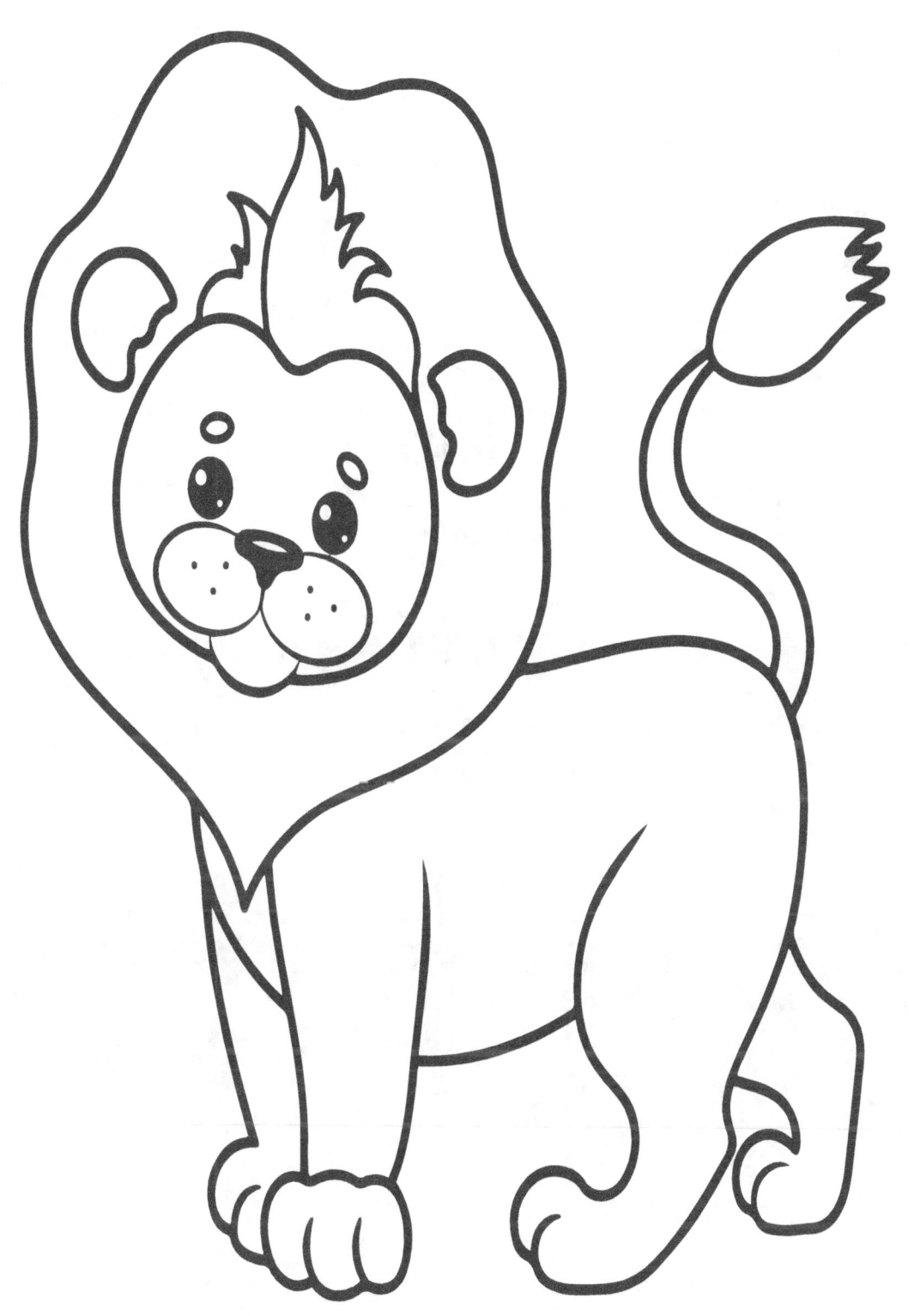

Rip
me
off
:)

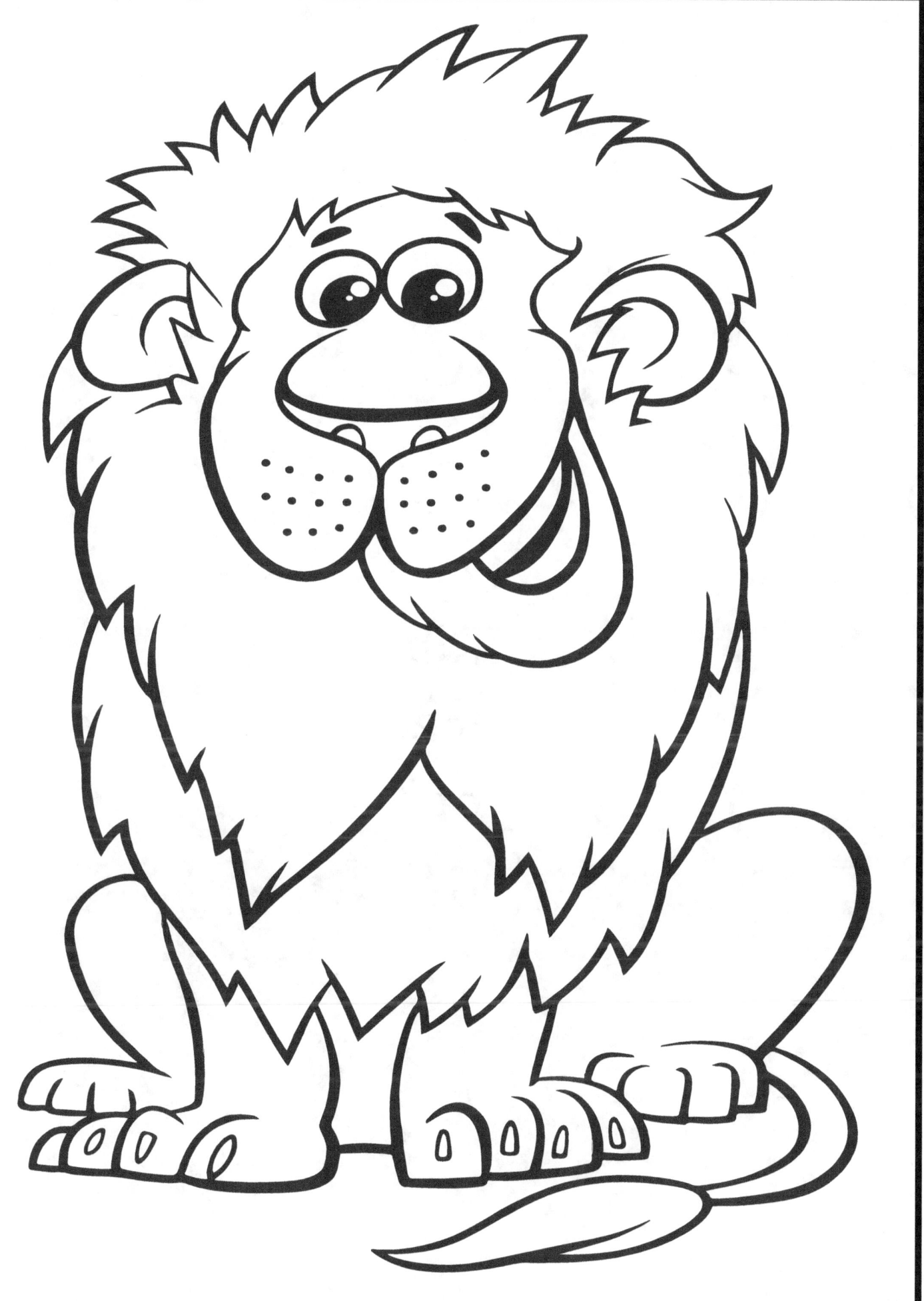

Rip
me
off
:)

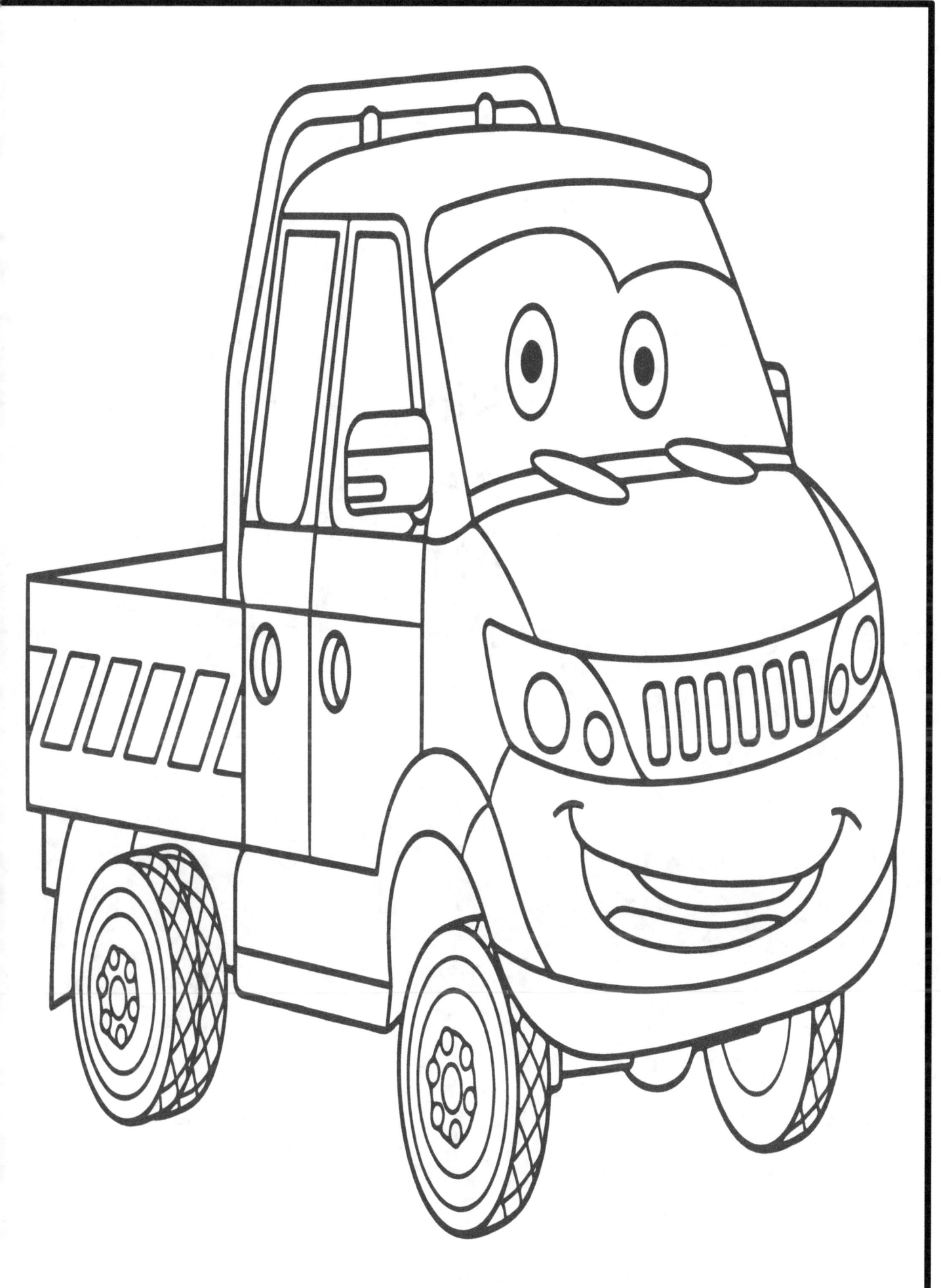

Rip
me
off
:)

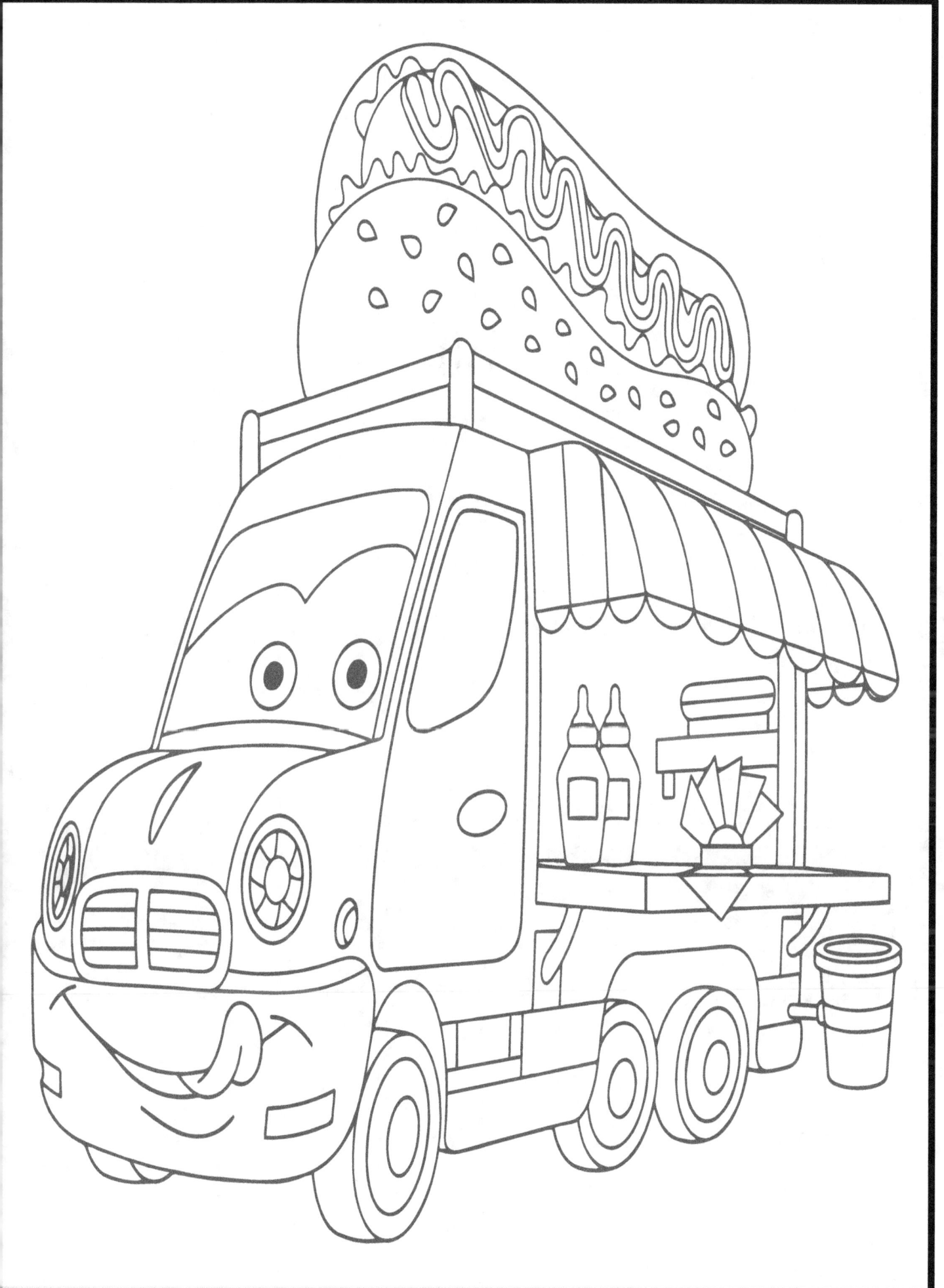

Rip
me
off
:)

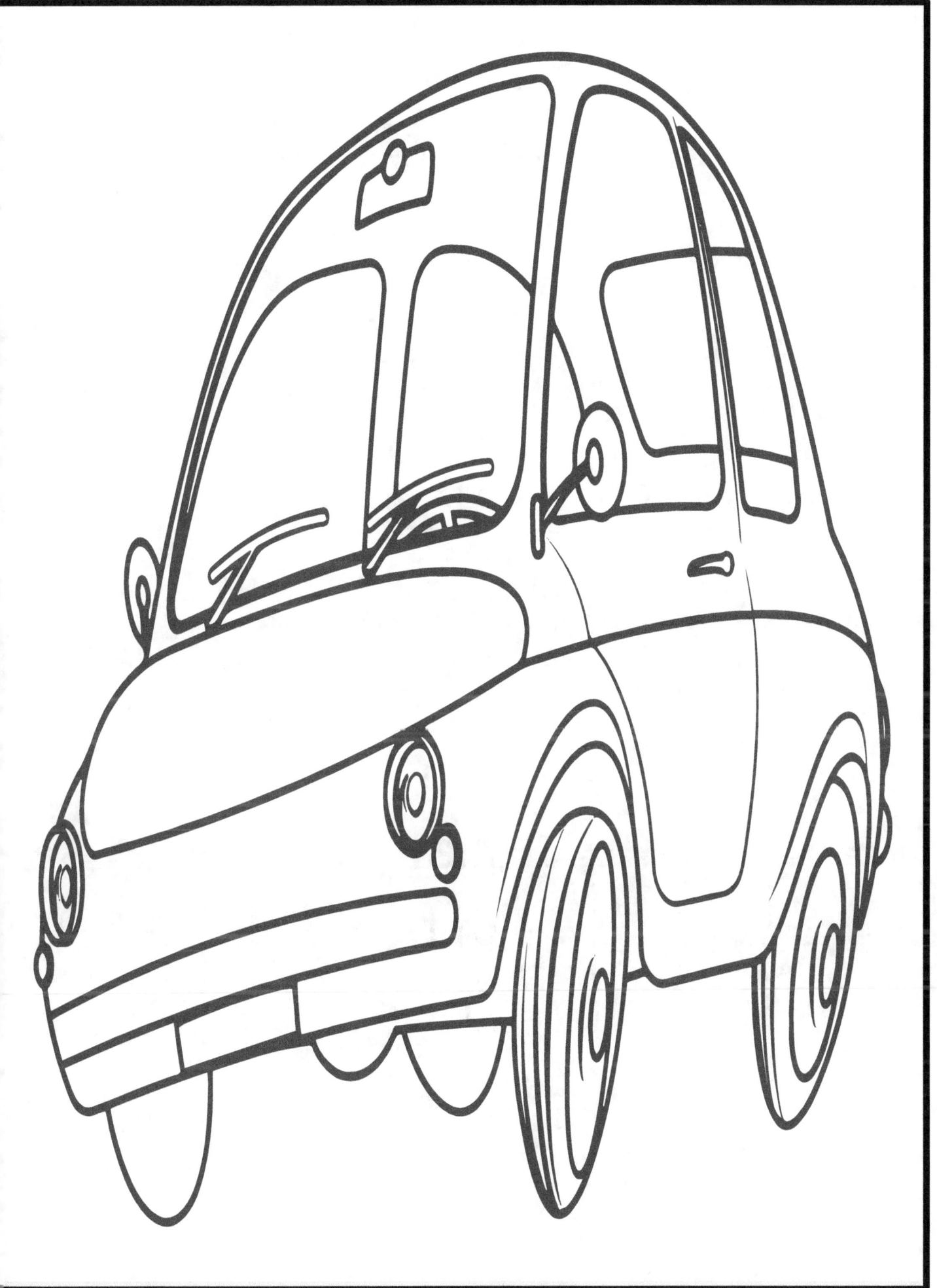

Rip
me
off
:)

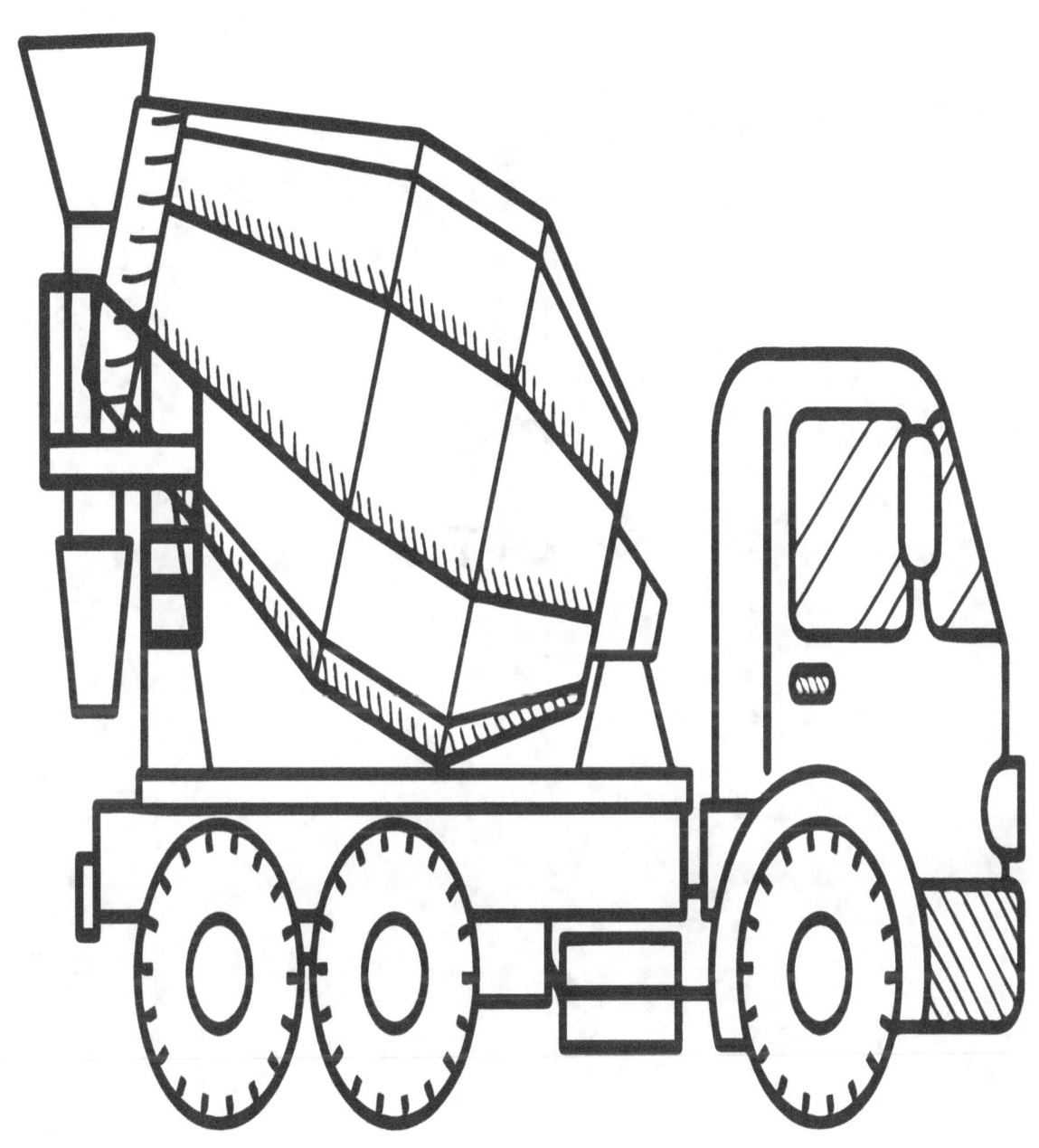

Rip
me
off
:)

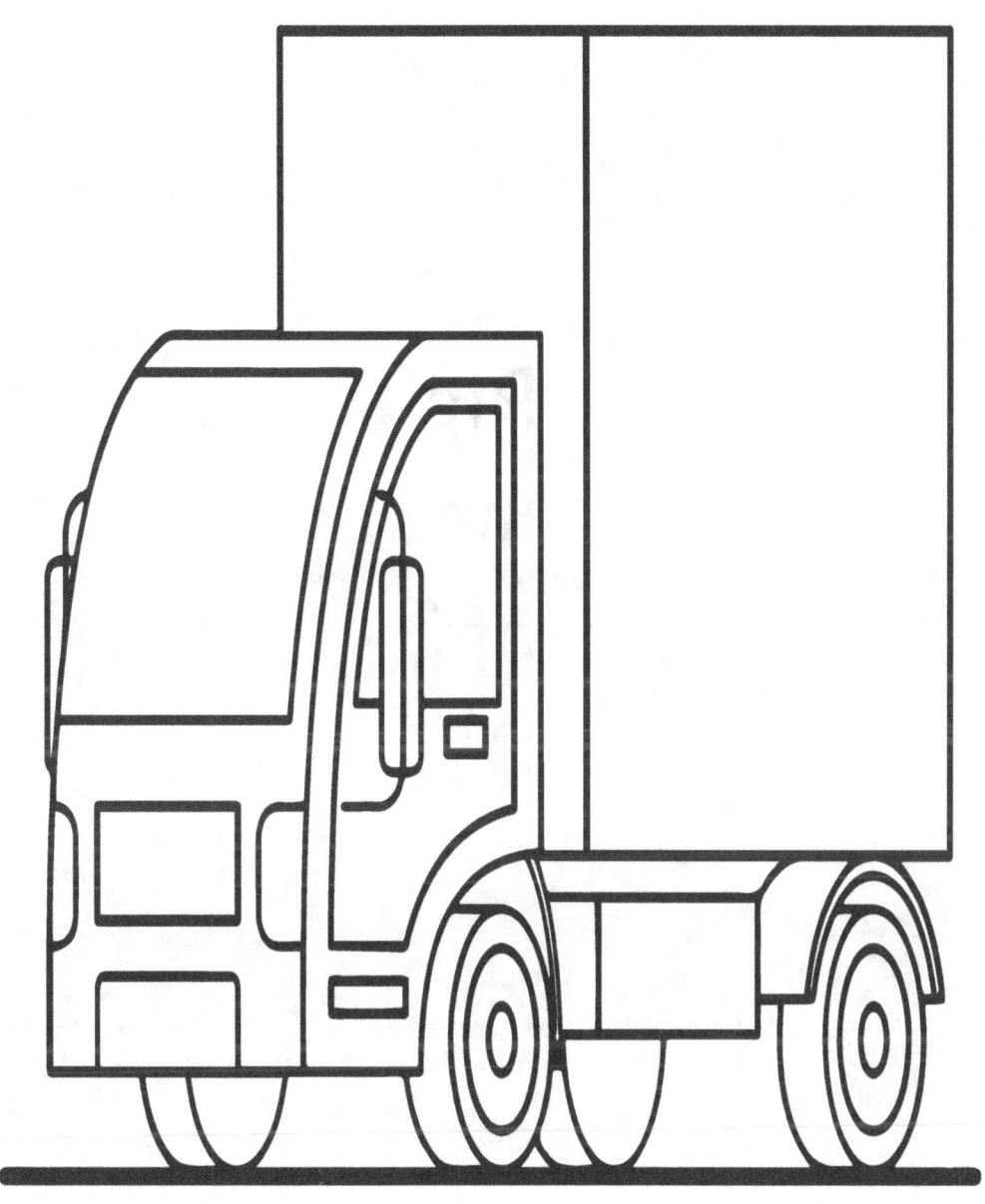

Rip
me
off
:)

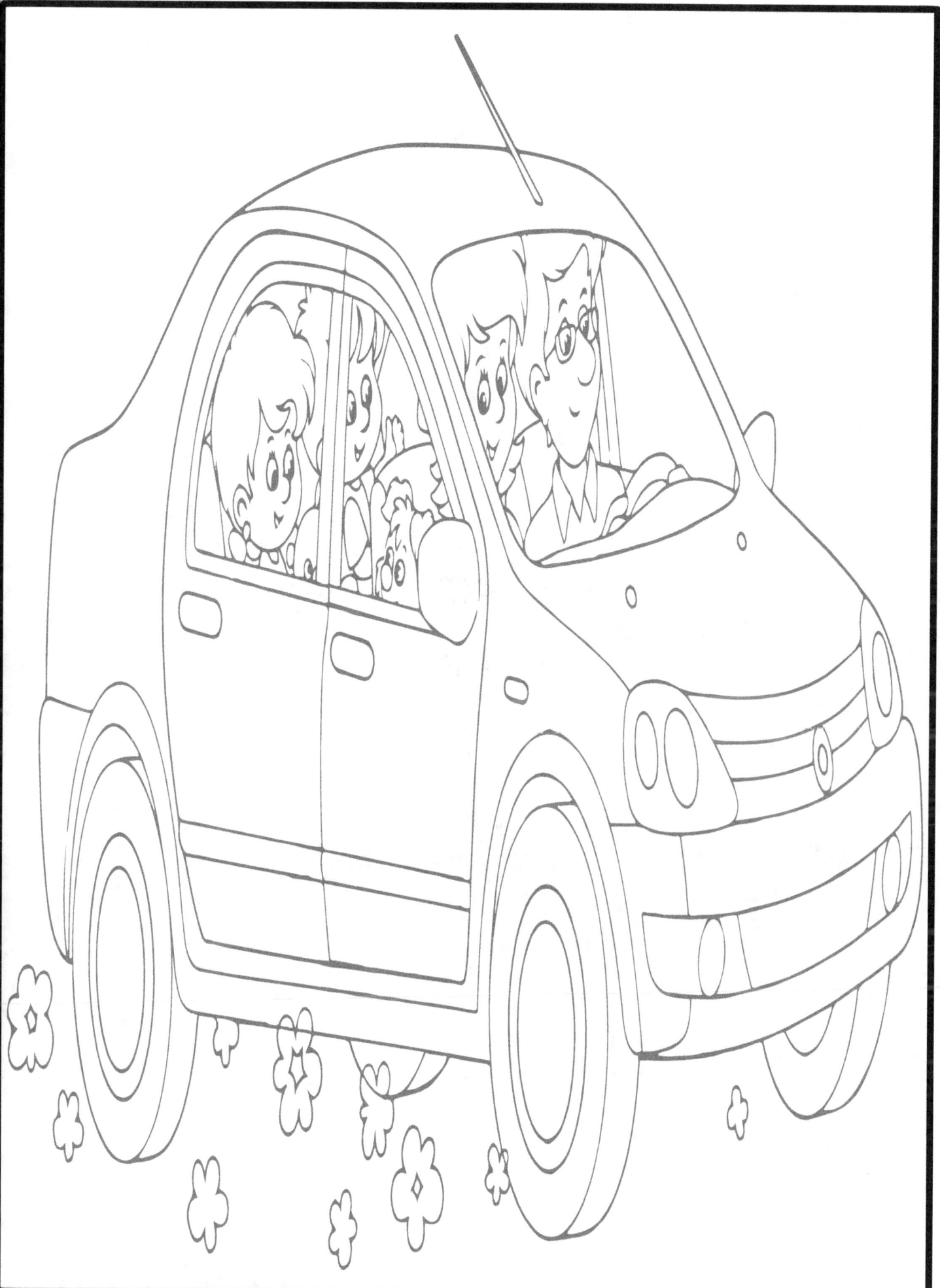

Rip
me
off
:)

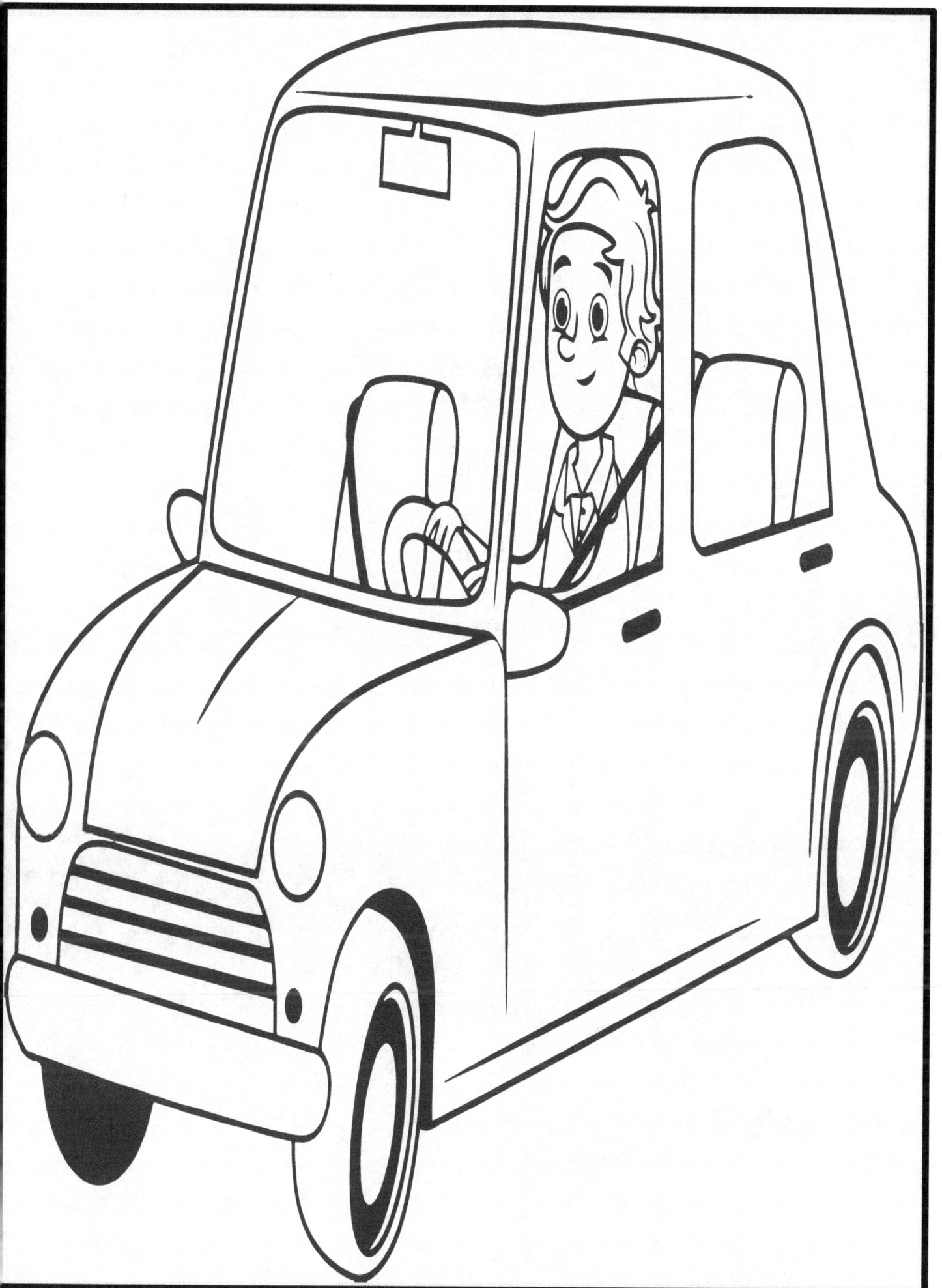

Rip
me
off
:)

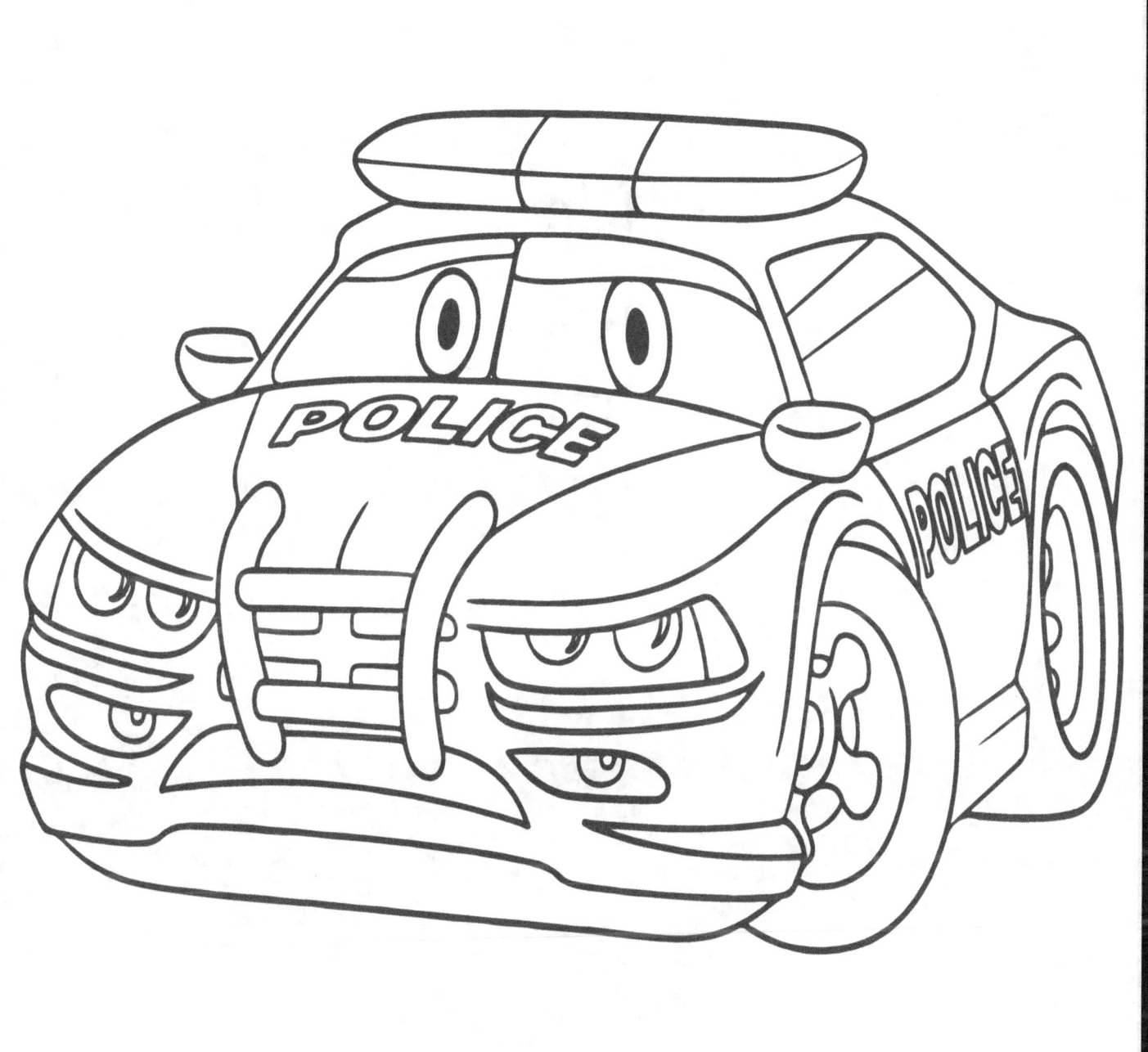

Rip
me
off
:)

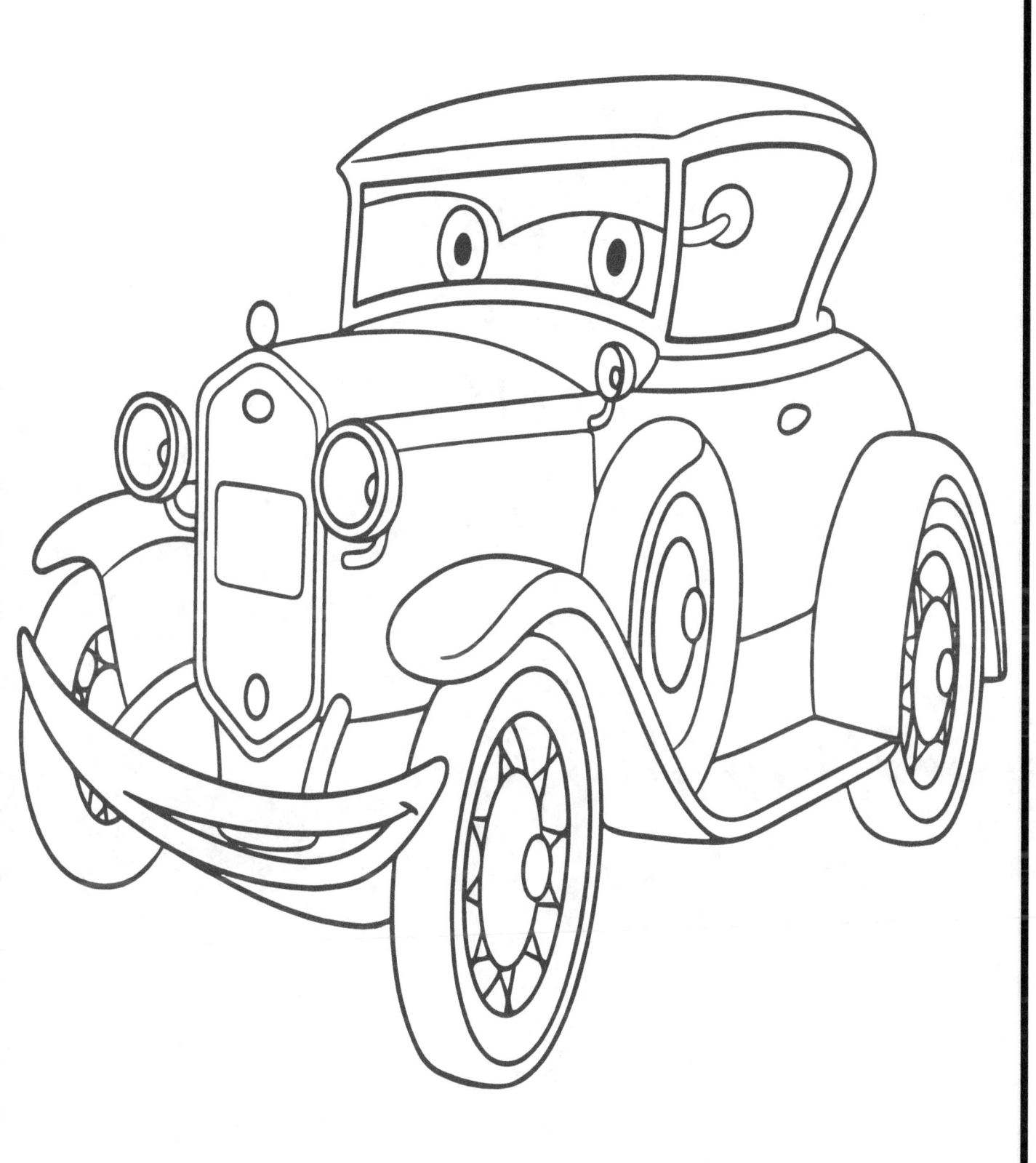

Rip
me
off
:)

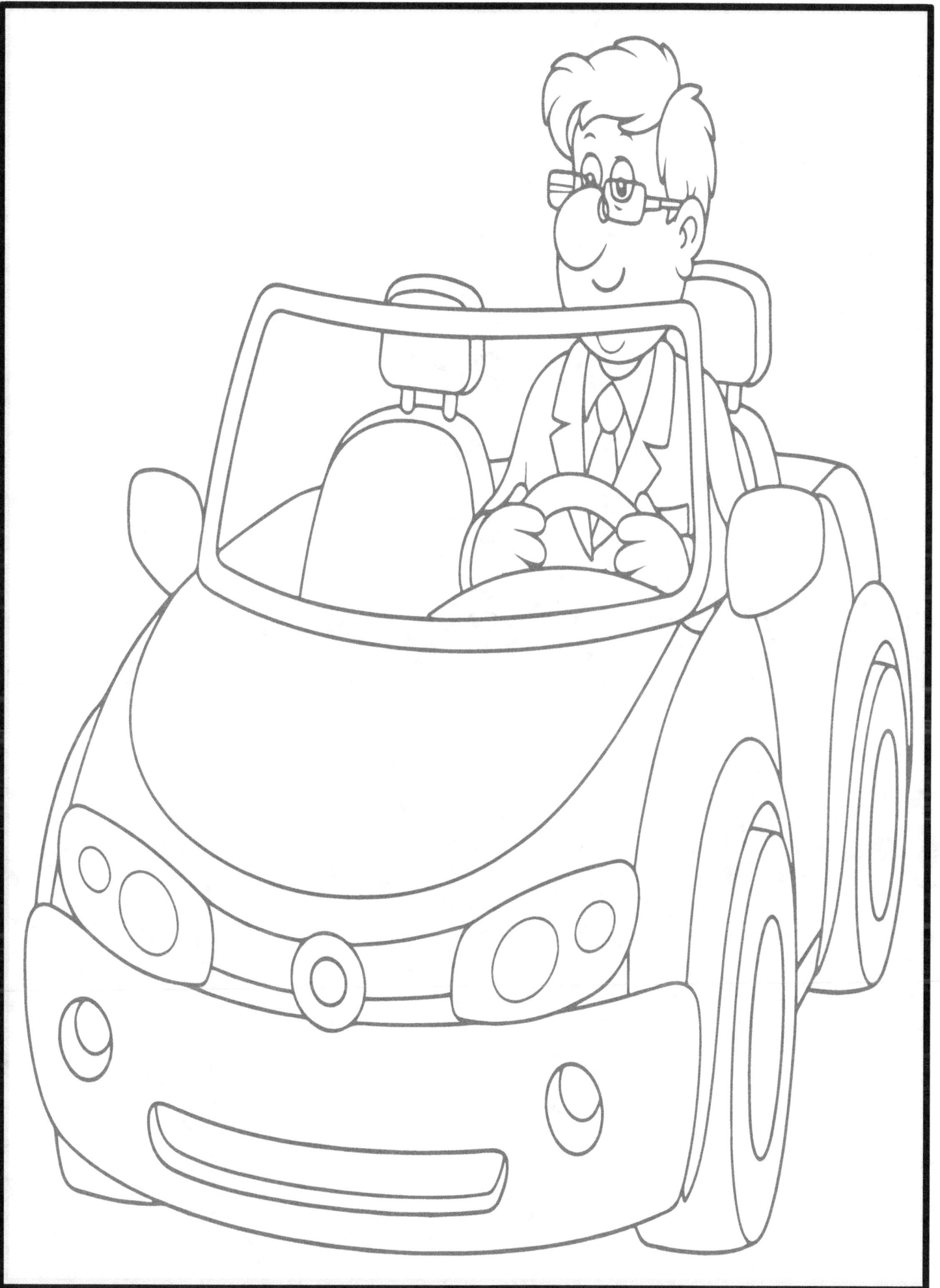

Rip
me
off
:)

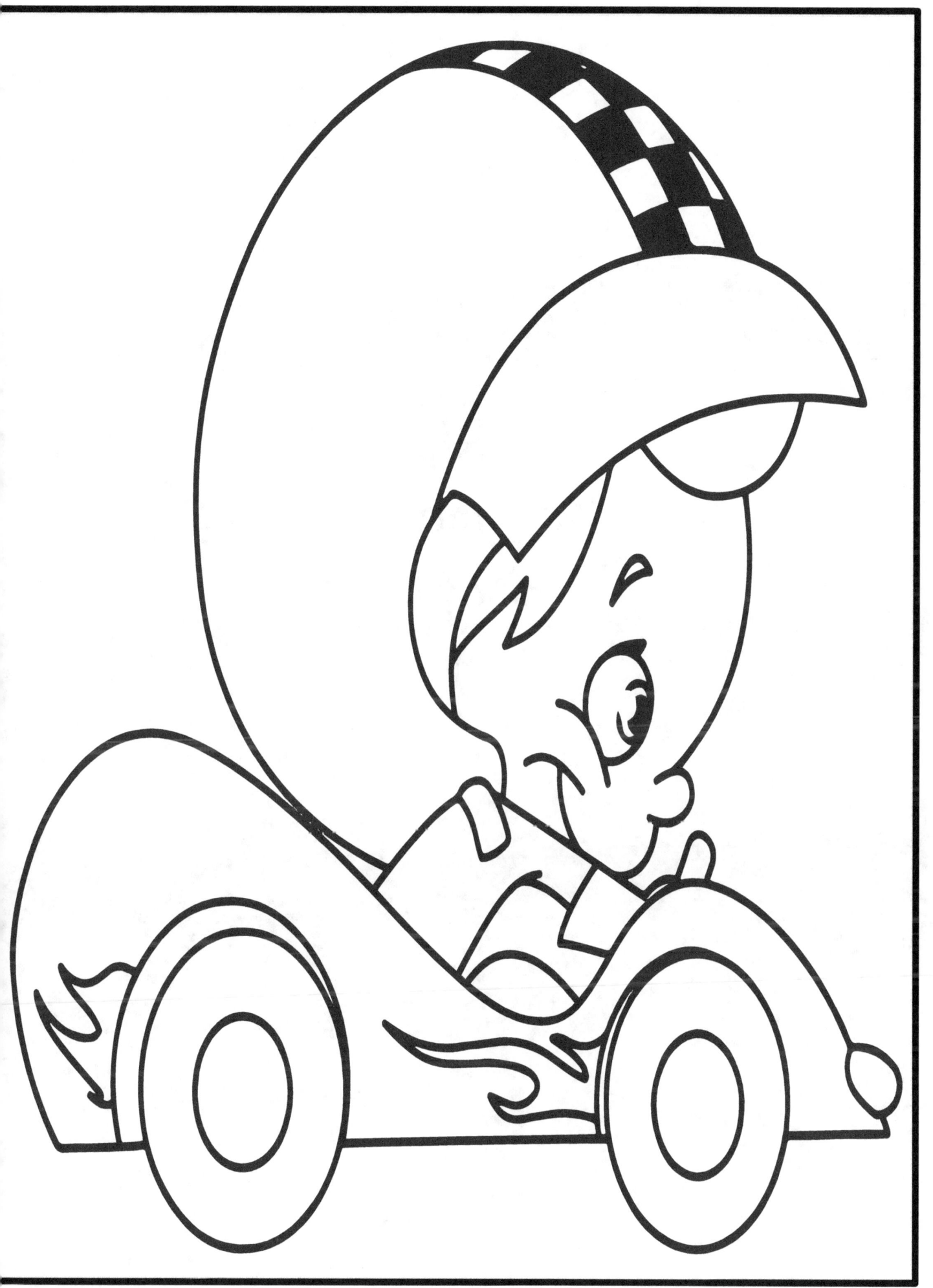

Rip
me
off
:)

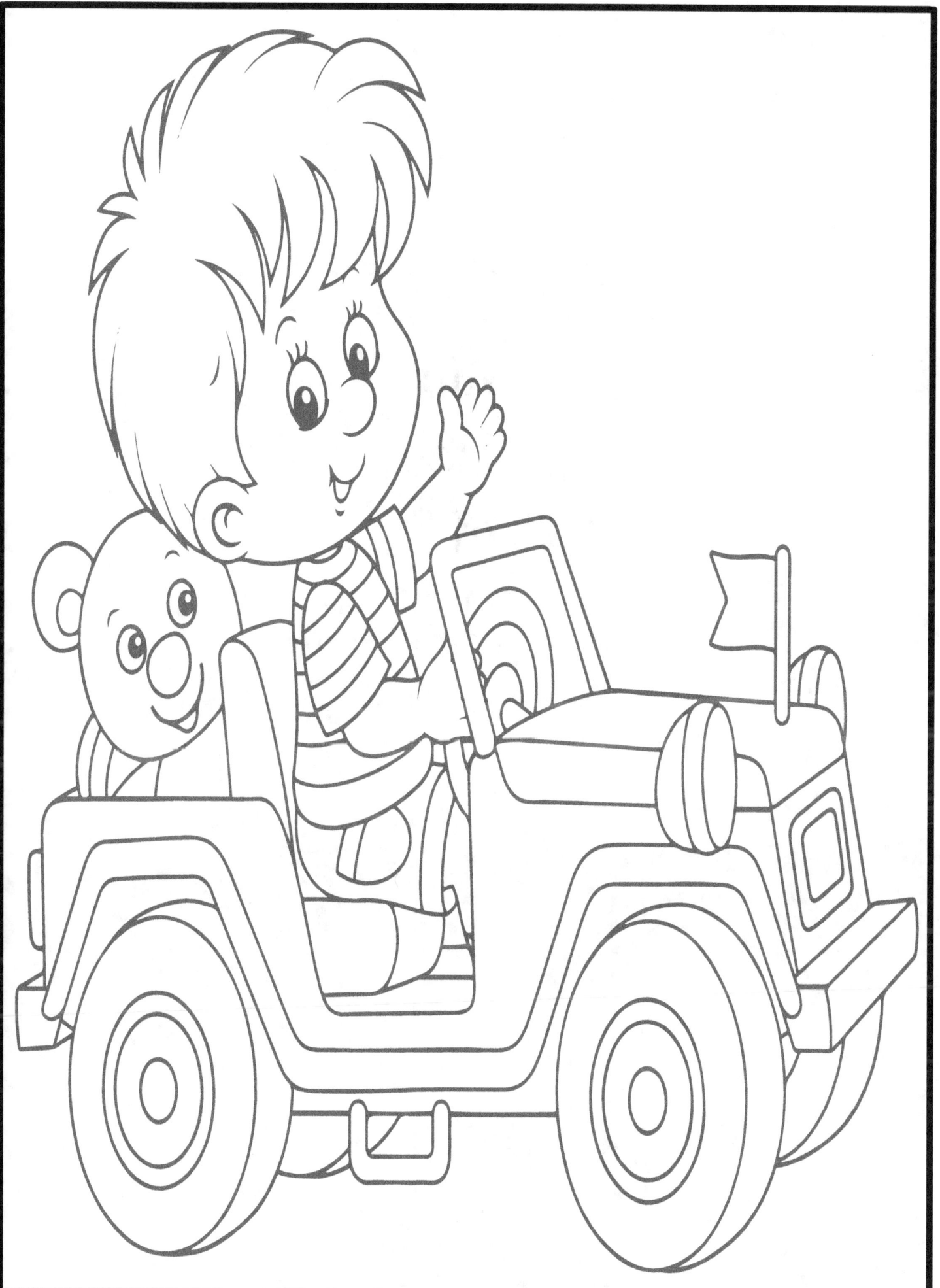

Rip
me
off
:)

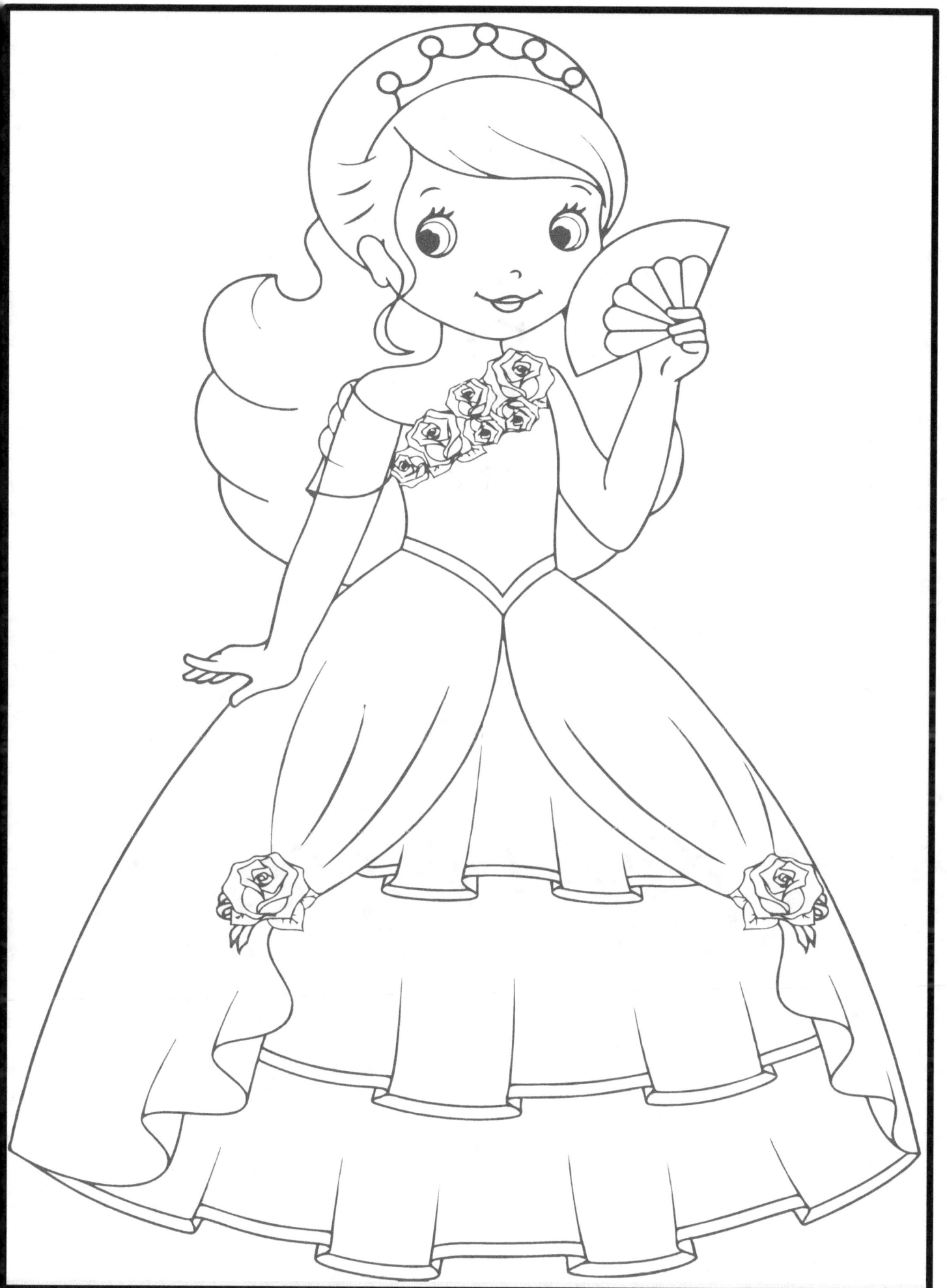

Rip
me
off
:)

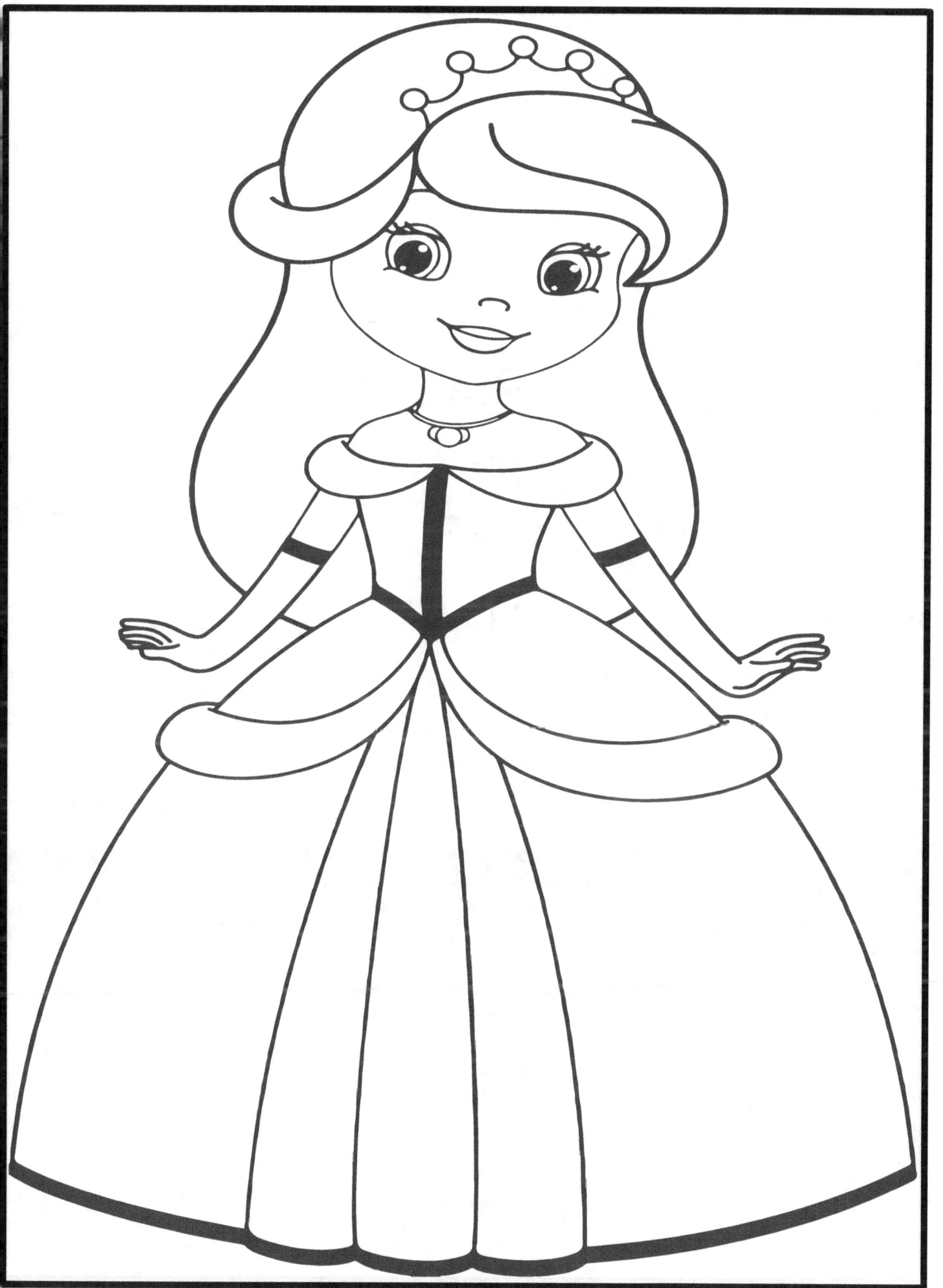

Rip
me
off
:)

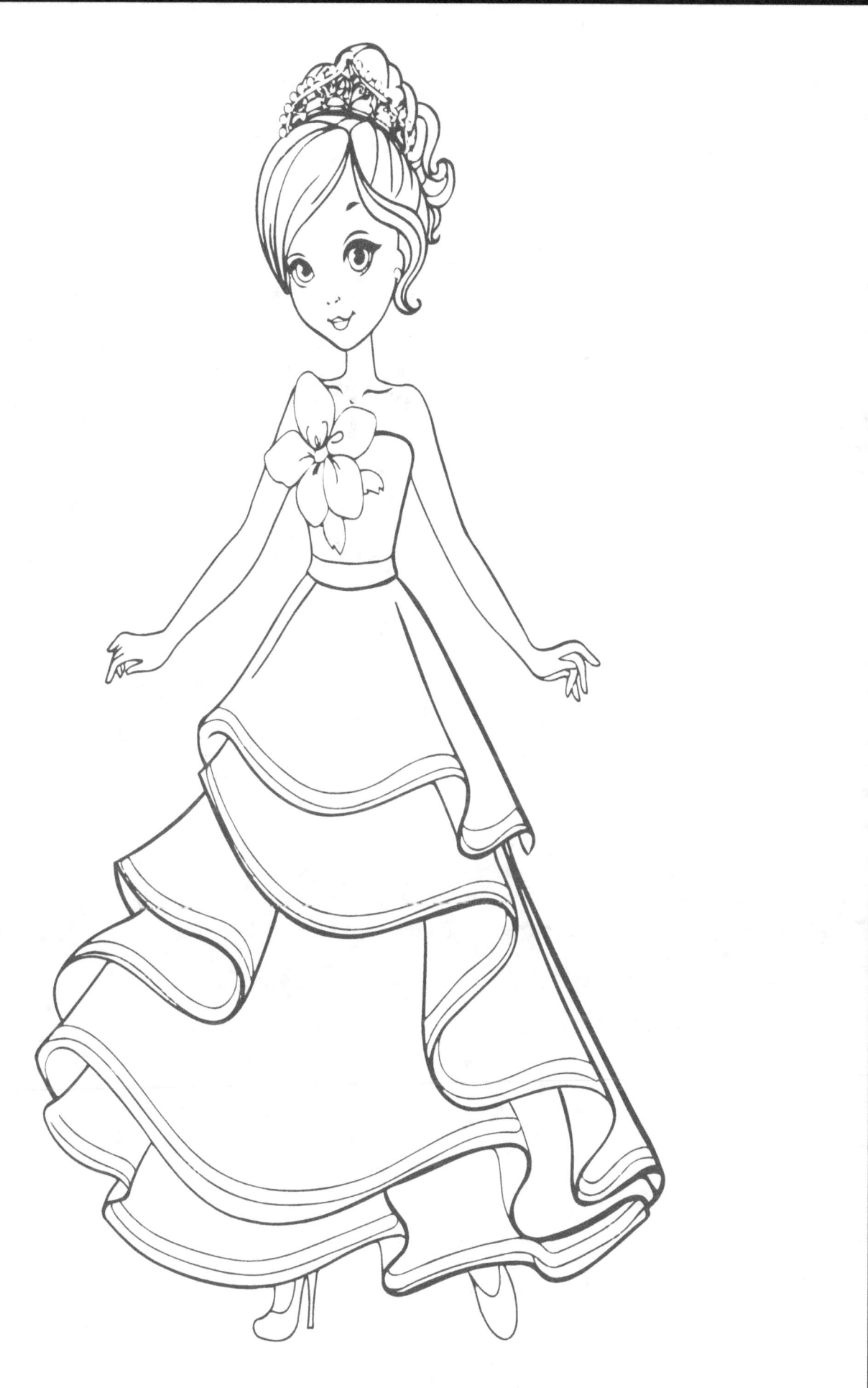

Rip
me
off
:)

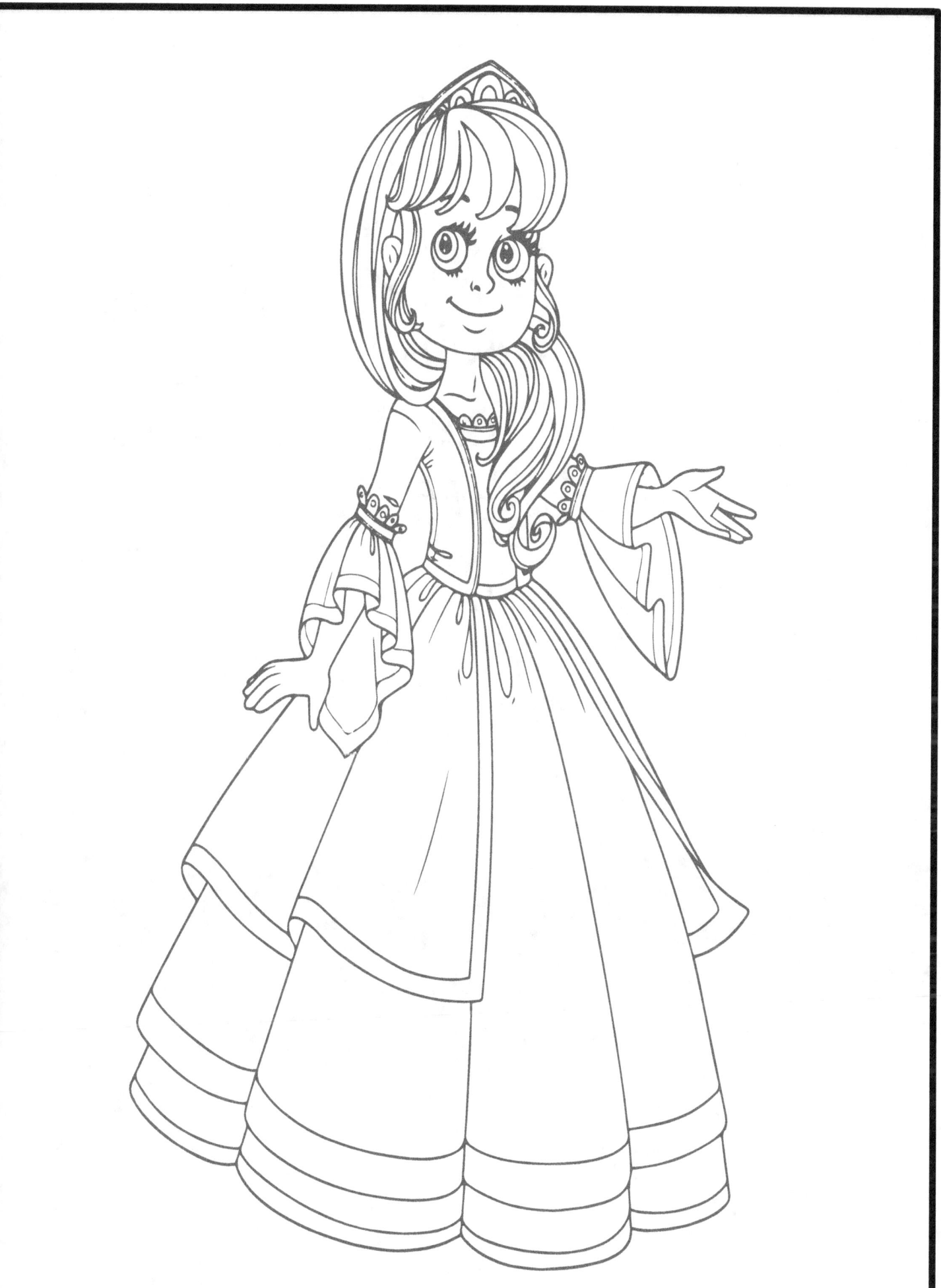

Rip
me
off
:)

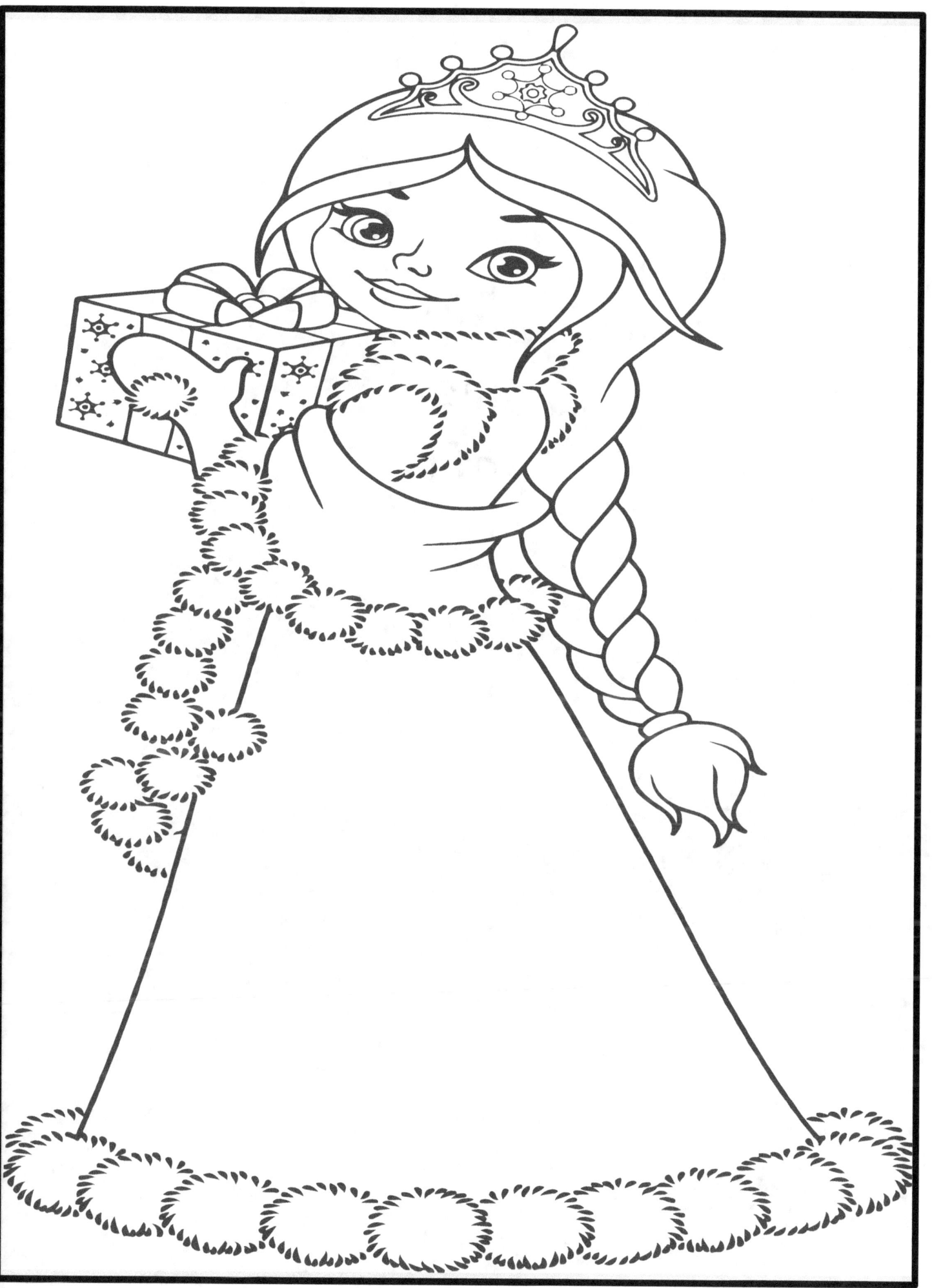

Rip
me
off
:)

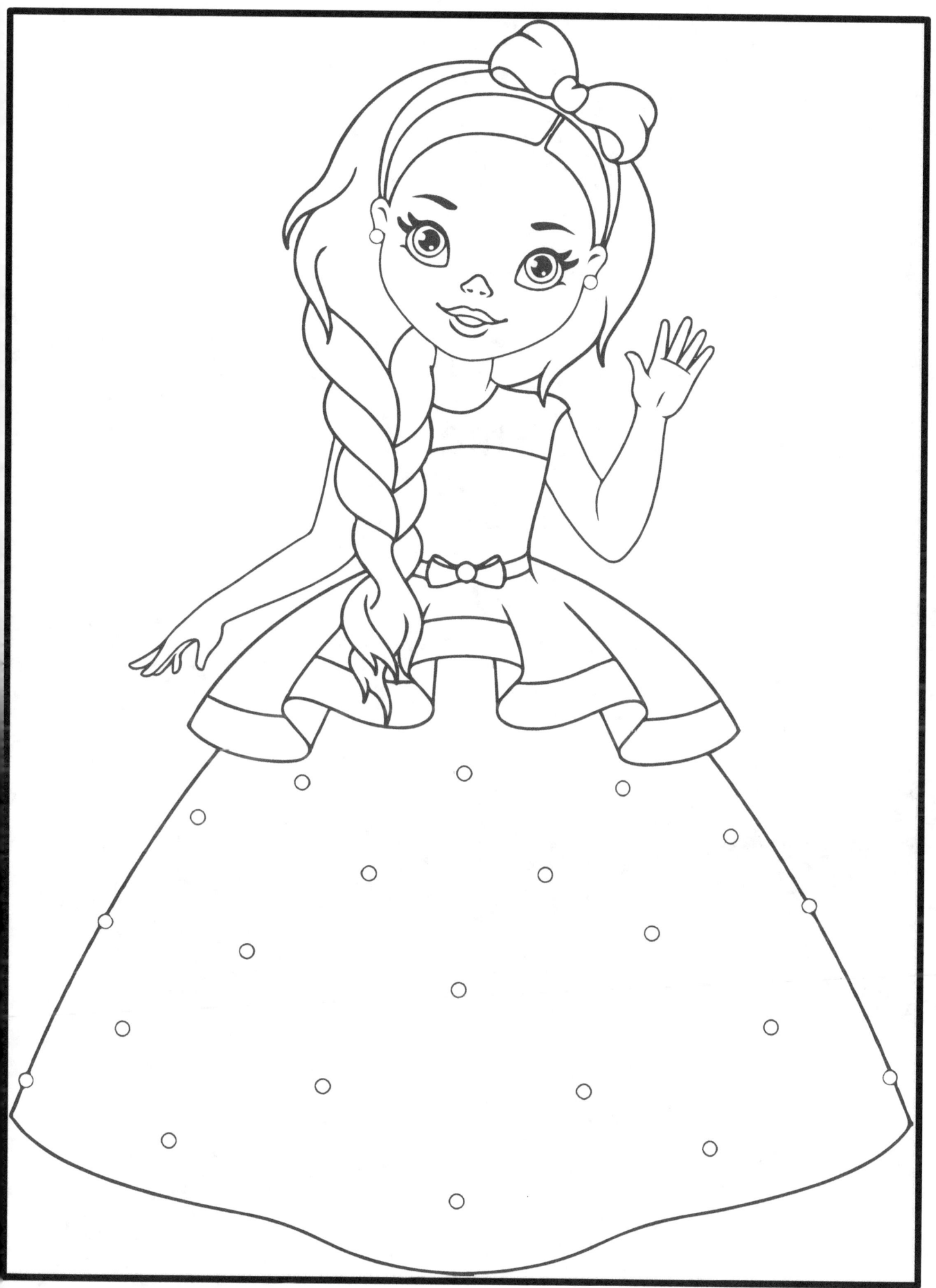

Rip
me
off
:)

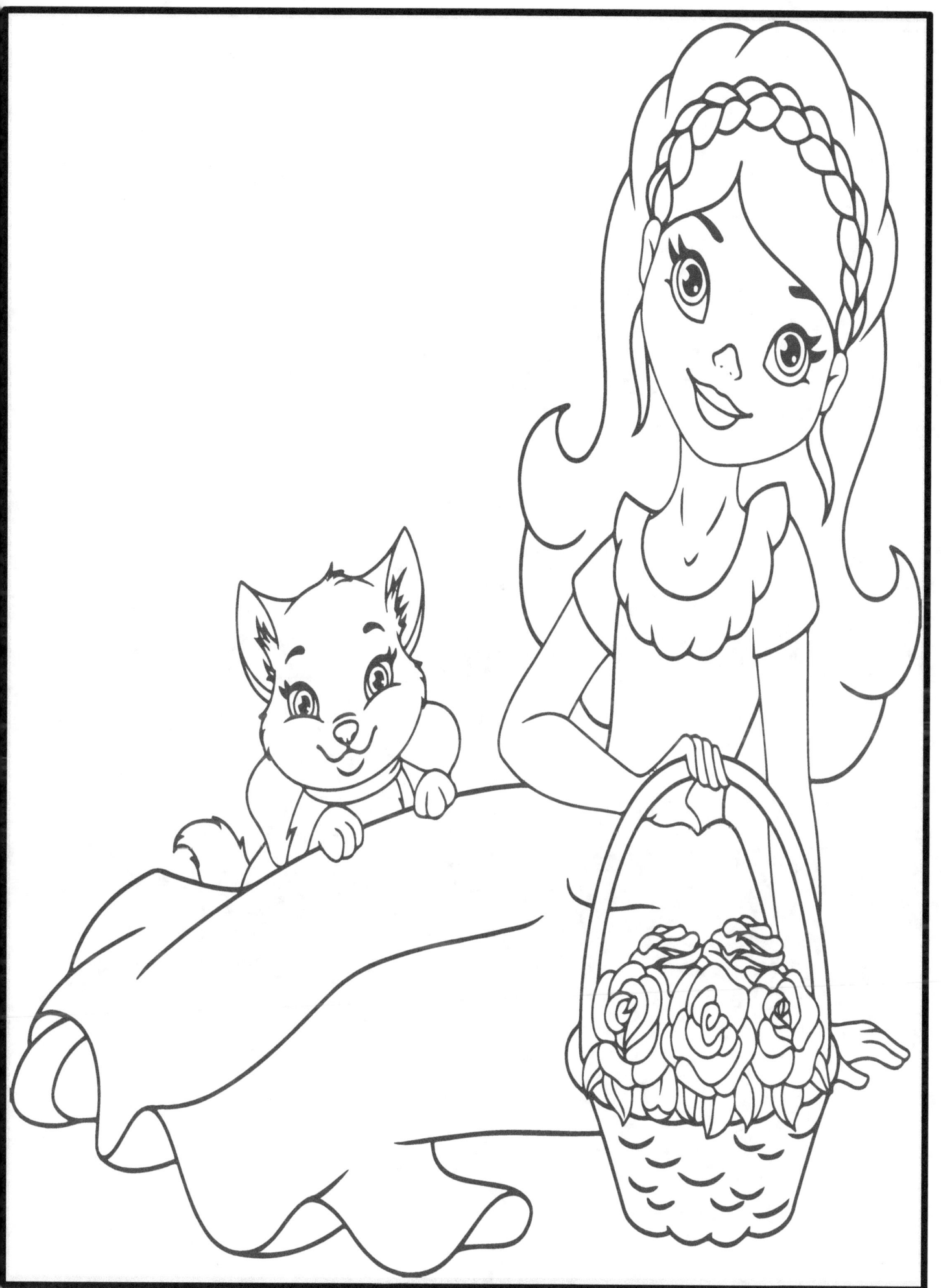

Rip
me
off
:)

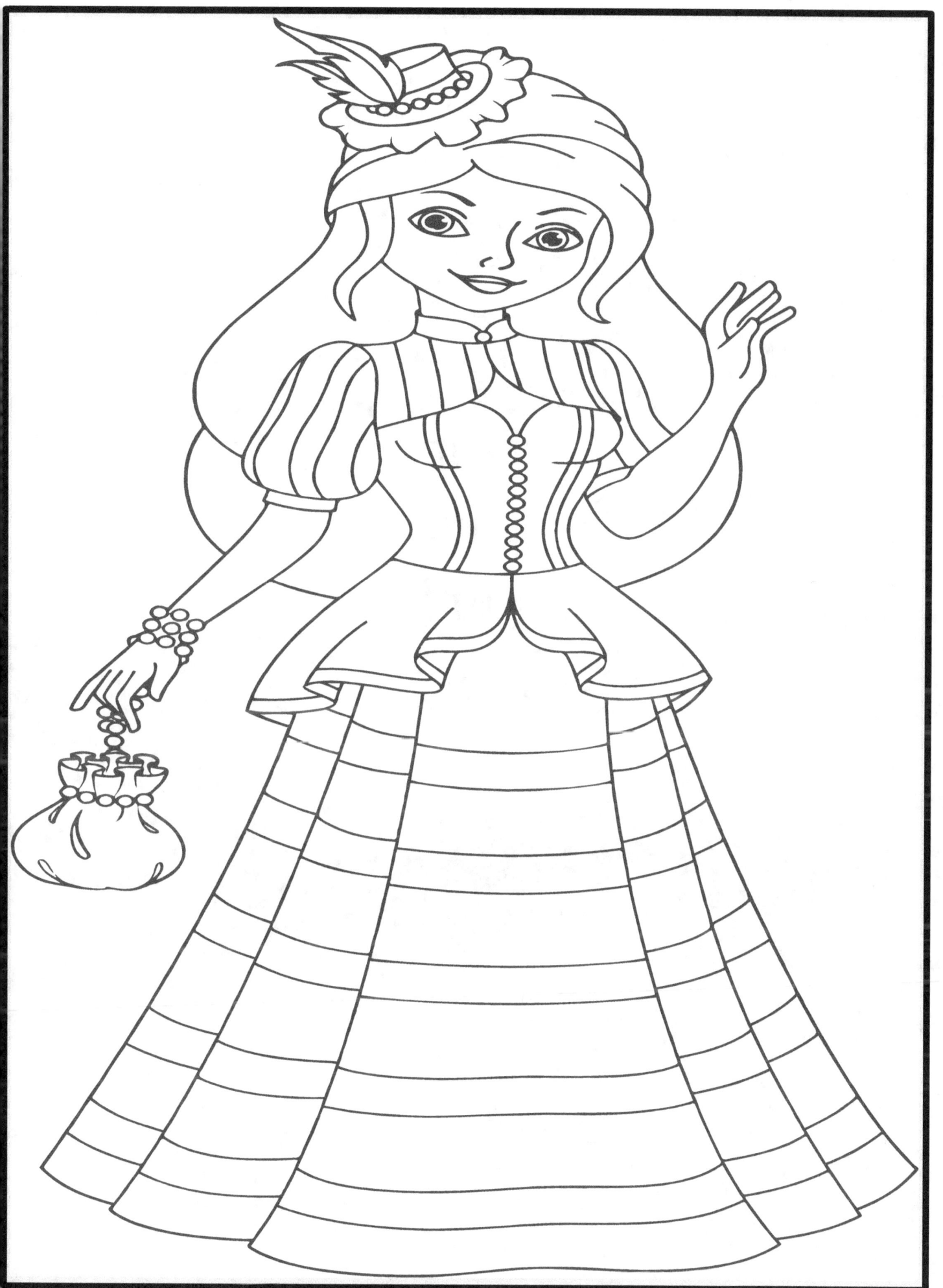

Rip
me
off
:)

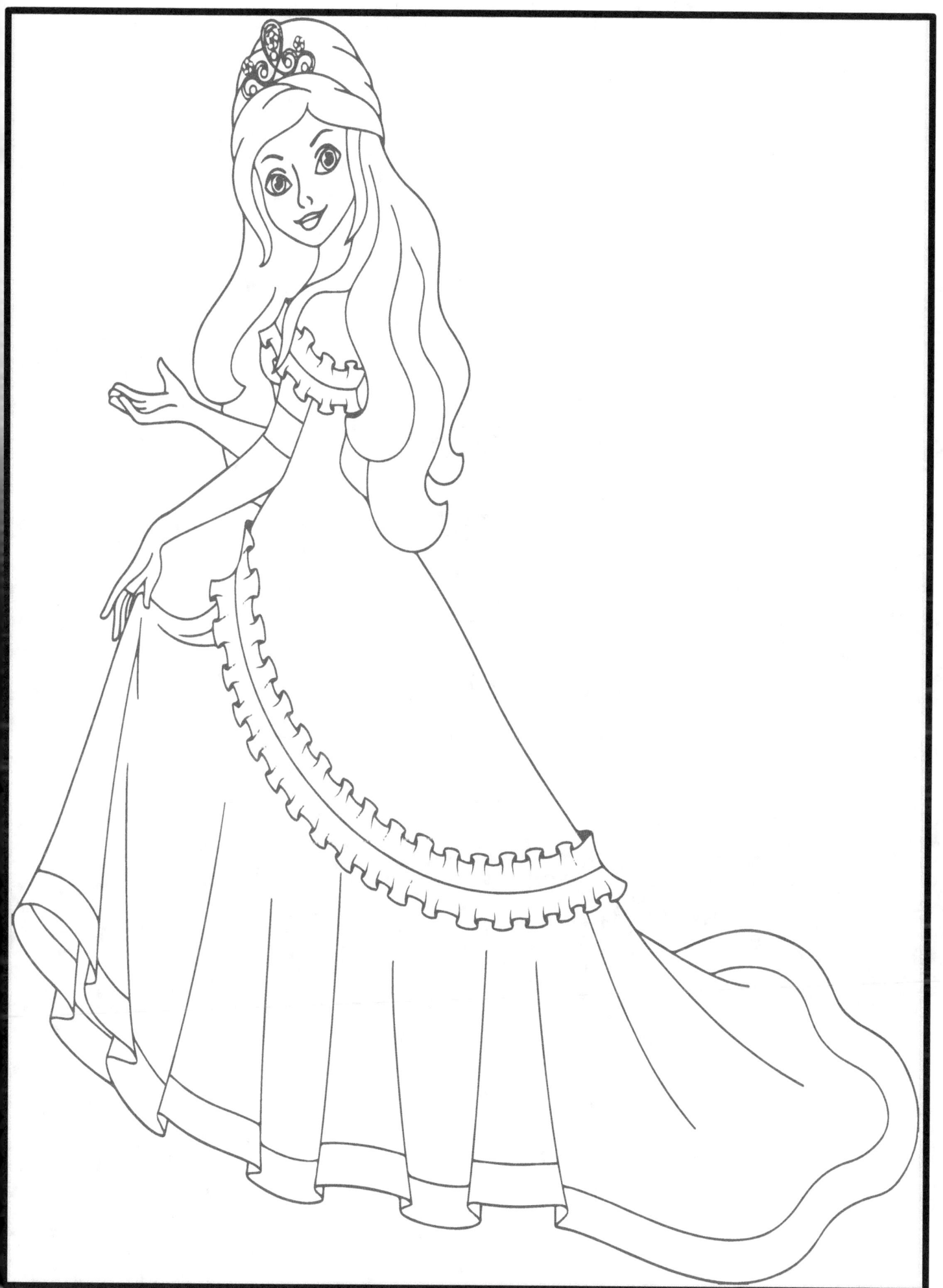

Rip
me
off
:)

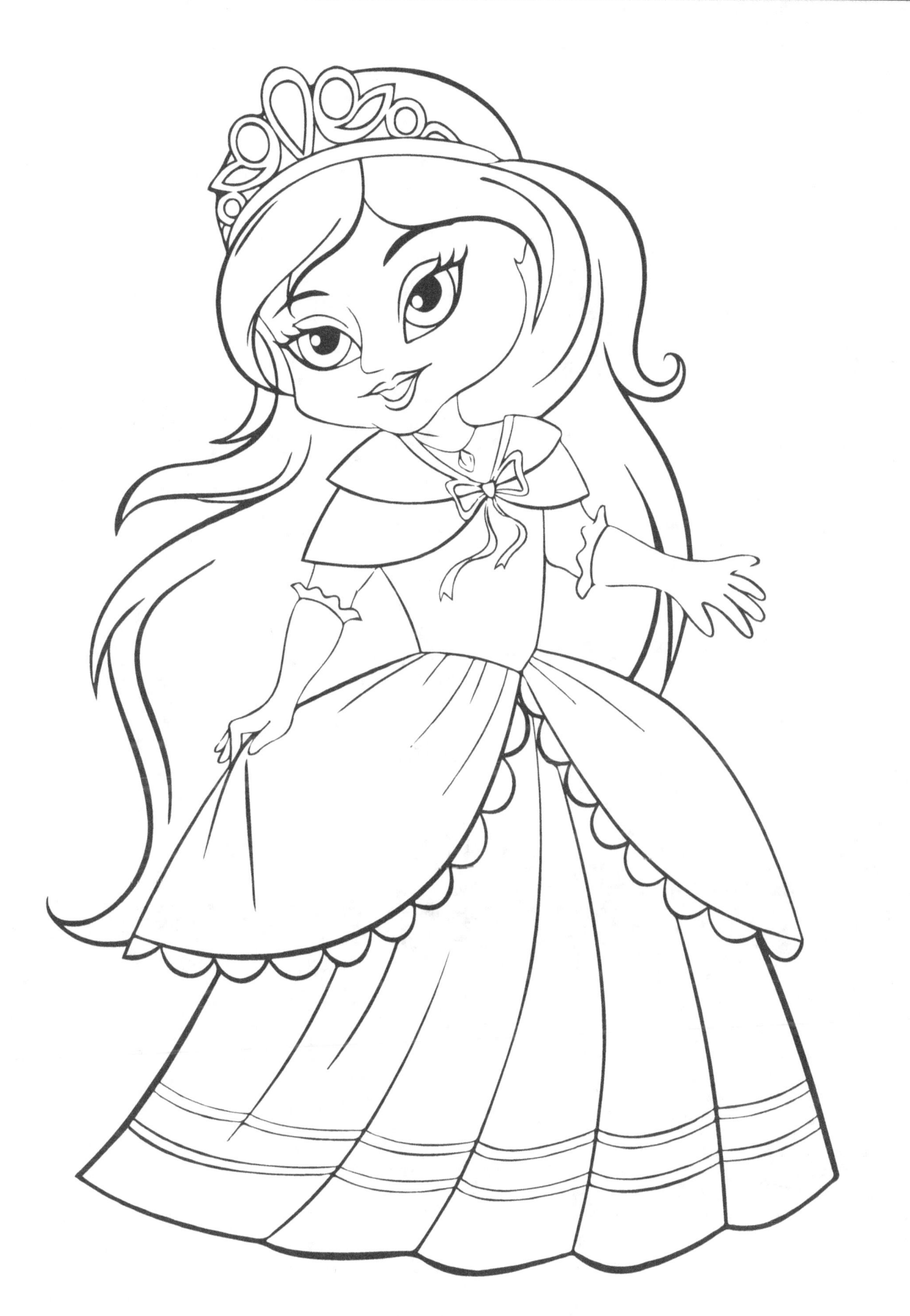

Rip
me
off
:)

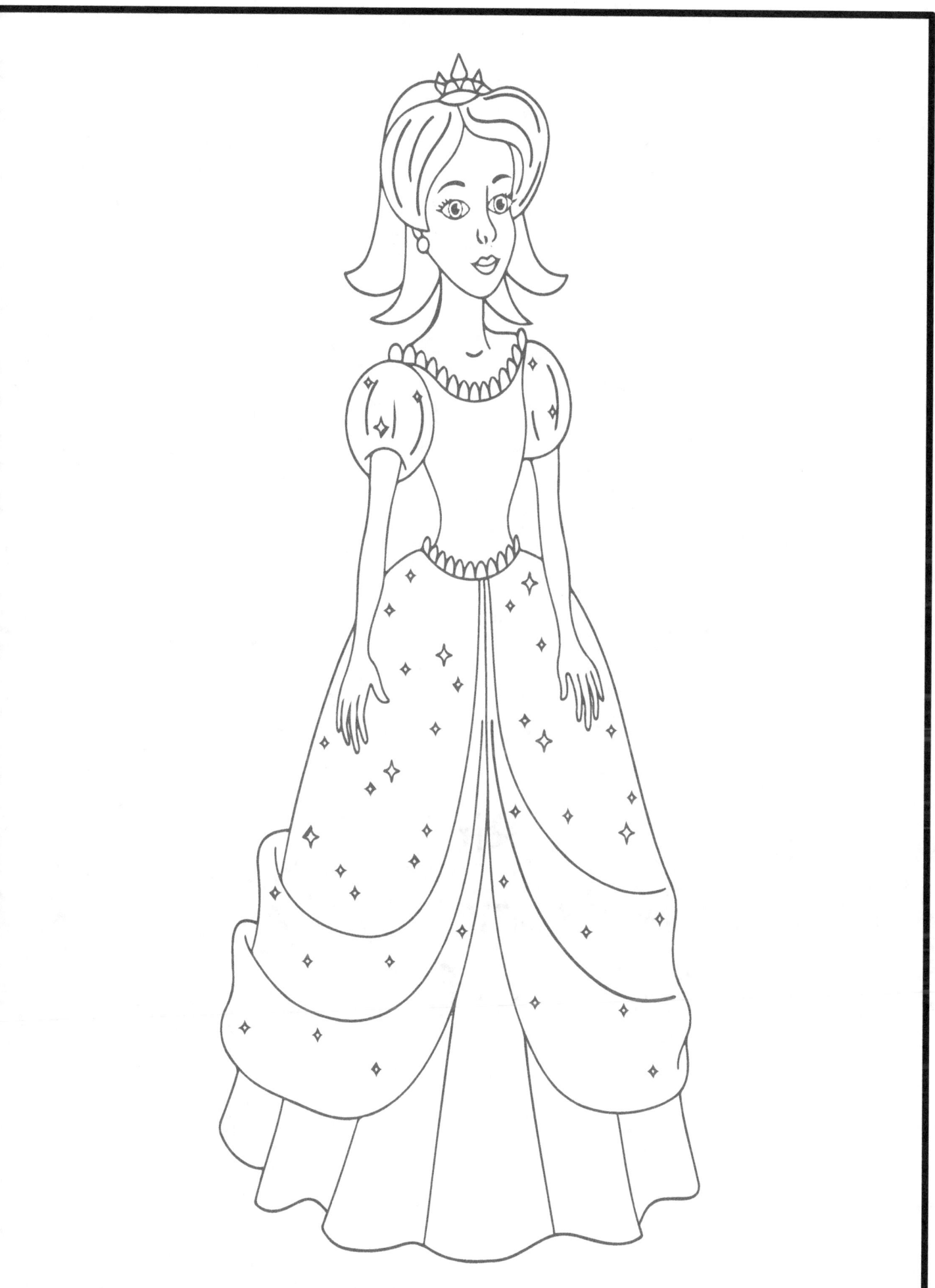

Rip
me
off
:)

www.ingramcontent.com/pod-product-compliance
Lightning Source LLC
Chambersburg PA
CBHW081453220526
45466CB00008B/2615